现代日本社会文化与经济

主　编　游衣明　刘笑非
副主编　段克勤　范婷婷
编　者　马　力　孙道凤
　　　　干保柱　周　萌

东南大学出版社
·南京·

内 容 提 要

本书由浅入深,既全面系统地介绍了日本传统文化,又用较大篇幅涉及了现代日本社会和经济,如日本现代的餐桌文化、企业文化及现状、日本的环境问题等。日本社会文化部分包括日本传统文化、日本近现代的衣食住行、生活习惯、风土人情及日本的世界遗产等。日本经济部分包括日本战后经济的发展和现状、日本雇佣情况、日本企业及环境问题。内容详实,涵盖面广。各章内容包括引言、正文、小结和思考题,每章后面还附有相关的小知识。在保证概念准确性的前提下,尽量使有关阐释深入浅出、清晰易懂。本书既适用于教师教学,又适用于日语专业学生和具有一定日语基础的读者自学,同时也可作为相关测试等的参考用书。

图书在版编目(CIP)数据

现代日本社会文化与经济 / 游衣明,刘笑非主编.
—南京:东南大学出版社,2015.7
 ISBN 978 - 7 - 5641 - 5754 - 8

Ⅰ.①现… Ⅱ.①游… ②刘… Ⅲ.①日本—概况
Ⅳ.①K931.3

中国版本图书馆CIP数据核字(2015)第108350号

现代日本社会文化与经济

主　编	游衣明　刘笑非	责任编辑	刘　坚
电　话	(025)83793329/83362442(传真)	电子邮箱	liu-jian@seu.edu.cn
出版发行	东南大学出版社	出 版 人	江建中
地　址	南京市四牌楼2号	邮　编	210096
销售电话	(025)83794561/83794174/83794121/83795801/83792174		
	83795802/57711295(传真)		
网　址	http://www.seupress.com	电子邮箱	press@seupress.com
经　销	全国各地新华书店	印　刷	南京玉河印刷厂
开　本	700mm×1000mm　1/16	印　张	13.75
字　数	280千字		
版　次	2015年7月第1版		
印　次	2015年7月第1次印刷		
书　号	ISBN 978 - 7 - 5641 - 5754 - 8		
定　价	28.00元		

前　　言

日本是我们的近邻,清代学者黄遵宪曾用"只一衣带水,便隔十重雾"来形容中日两国之间的关系。对于我们的邻国,我们有必要从基本的地理、历史、文化以及经济等全方面进行了解和把握。

目前国内出版的有关日本概况方面的书籍不少,且多从地理、历史方面入手介绍日本相关情况,而本书在广泛收集日本和国内最新资料的基础上,着重并深入介绍现代日本的社会文化与经济等方面内容,其中也贯穿着一些历史发展的脉络。全文采用日语编写,在地名、人名等专有词语以及难字上标有假名读音,适合日语专业二、三年级学生使用。同时,本书还插配了大量的图片和图表,在丰富的文字内容基础上,读起来更加直观形象,有利于读者快速地理解和掌握所学知识。

本书在编写过程中考虑到一般大专院校开设"日本概况"、"日本经济"等课程的课时情况,尽可能地将大量的知识压缩到一学期内能完成的程度。这样,给日语专业的学生和有一定日语基础的读者提供了多领域的背景知识,既增进他们对日本国家、日本社会文化和日本经济情况的理解,也开阔了他们的视野、扩大了知识面,从而对日本社会整体有一个较全面的感性认知,加深对我们近邻的理解。

由于时间和水平有限,书中肯定存在诸多缺点和不足,敬请各位同行和专家批评指正。

编者

2015 年 6 月

目　　次

第一部分　日本の社会文化

第一部分
日本の社会文化

　この部分では、おもに日本の伝統文化(年中行事、芸術芸能、伝統芸能)、衣・食・住、生活風俗(日本の祝日、慣習、宗教)および日本の世界遺産について概観する。

　「和」という言葉が日本文化の特徴を示す概念として、屡々用いられる。日本の伝統文化は、神道を基軸として、外来の文化を取り込みながら、時代とともに変遷してきたが、表面的に大きく変化していても、その中に一貫する極めて日本的な要素や傾向が見える。

第一章

伝統文化

　本章では、日本の年中行事、芸術芸能、伝統芸能を紹介することによって、日本の伝統文化を概観する。

第一節　年中行事

　年中行事（ねんじゅうぎょうじ）は、毎年特定の時期に行われる行事の総称である。狭義（きょうぎ）では伝統的な事柄、特に宮中（きゅうちゅう）での公事（こうじ）を指すが、広義では個人的な事柄から全国的・世界的な事柄なども含まれる。

1. 正月（しょうがつ）

　「正月」とは、本来1月の別名だが、祝う期間は通常一月一日から三日まで、または1週間で、日本人には最も重要な行事なのである。学校も企業も1～2週間休みとなり、家族と離れて暮らしている人の多くも、帰省（きせい）して家族と一緒に過す。正月を迎えるにあたっては大掃除（おおそうじ）をし、門松（かどまつ）やしめ飾（かざ）り、鏡餅（かがみもち）の準備をする。大晦日（おおみそか）の夜には寺で除夜の鐘（じょやのかね）が鳴らされ、年越（としこ）しそばを食べて新年を迎える。和服を着ることも多く、元旦には寺社へ初詣（はつもうで）に行って新年の健康と幸福を祈る。年賀状（ねんがじょう）に目を通

すことや、子どもにとってはお年玉（としだま）をもらうことも、正月の楽しみの1つである。

　1月1日を元日、元日の朝を元旦（がんたん）と呼ぶ。元日は国民の祝日となっているが、官公庁は12月29日から1月3日までを休日としており、一般企業でもこれに準じていることが多い。このため、公共交通機関はこの期間中は平日も含めて休日ダイヤで運行する。一方、小売業では、1980年代前半までは松の内（まつのうち）（関東）の頃（1月5～7日）まで休業していた店が多かったが、24時間営業のコンビニエンスストアの登場などの生活様式の変化により、開店日は早くなり、1990年代以降は元日のみ休業し、翌1月2日から短時間体制での営業を始める店が多い。大型店など店舗（てんぽ）によっては、短時間体制ながらも元日も営業することも多くなった。ほとんどの場合は1月4日ごろから平常営業に戻る。

　正月には前年お世話になった人や知人などに年賀状を送る習慣があり、お年玉つき年賀はがきの抽選日までを正月とする習慣も多い。元来は年の初めに「お年始」として家に挨拶に行ったり、人が訪ねて来たりするはずのものが簡素化（かんそか）されたものとも言える。現在携帯電話が普及したこともあり、年賀状でなくメールなどで済まされることが多くなってきている。また、新年最初に会った人とは、「あけましておめでとう（ございます）」という挨拶が交わされる場合が多い。

　日本の（お）正月には、現在でも残っている伝統的な習慣やしきたりが幾つかある。例えば、正月飾りを飾ったり、家族でお節料理（せちりょうり）を食べたり、初詣（はつもうで）に行ったりする。

② 正月に関連する項目

　正月には、正月用の飾り付けをするが、この飾り付けは前の年の暮れまでに済ませておくのが一般的である。たいがい、どこの家の前にも入り口の門の両脇には門松（かどまつ）や松飾り（まつかざり）が飾られ、玄関の扉（とびら）や扉の上などには注連縄（しめなわ）や注連飾り（しめかざり）が付けられる。

　神様へのお供え（そなえ）に、丸い餅（まるいもち）を重ねた鏡餅（かがみもち）を飾り（かざ）、これは後（あと）で1月11日の鏡開き（かがみびらき）の際（さい）に、手や槌（つち）で小さく割り砕いて（くだ）から、調理して食べる。

▶▶（1）門松

　門松とは、松の枝を組み合わせて作った飾りに竹や梅が添えられたもので、正月に家の門の前などに立てられる一対になった松や竹の正月飾りのことである。松飾りともいう。日本では松竹梅は縁起がよいとされており、特に松は古来、長寿を意味するものとして尊ばれてきた。古くは、木のこずえに神が宿ると考えられていたことから、門松は年神を家に迎え入れるための依り代という意味合いがある。地域の言い伝えにより松を使わない所もある。

　新年に松を家に持ち帰る習慣は平安時代に始まり、室町時代に現在のように玄関の飾りとする様式が決まったと言われる。

歳神（年神）を迎え、依り着く代物として門口に左右一対で立てる

ことが多い。写真は広島県竹原市の伝統的建造物群保存地区に立てられた門松

　また、31 日に門松を立てることを「一夜飾り」と言い、これは正月を迎えるまで間がないために、慌ただしい思いをさせては神様に失礼になるばかりか、せっかく来られた神様がゆっくりできない、といった理由から避けた方が良いと考えられている。とは言え、最近はこうした風習を守る人は、少なくなりつつある。

▶▶（2）注連縄（しめなわ）

　注連縄（しめなわ）とは、神事（しんじ）を行（おこな）ったりする神聖（しんせい）な場所（ばしょ）と、私達人間（わたしたちにんげん）の住（す）む下界（げかい）とを区別（くべつ）するために張（は）る、藁（わら）でできた縄（なわ）のことである。漢字（かんじ）で「注連縄（しめなわ）」と書（か）き表（あらわ）すが、これは中国（ちゅうごく）の「注連（ちゅうれん）というものに由来（ゆらい）しているからだと言（い）われている。その「注連（ちゅうれん）」とは、神聖（しんせい）な場所（ばしょ）に死霊（しりょう）が入（はい）り込（こ）まないよう、水（みず）を注（そそ）いで浄（きよ）めた縄（なわ）を連（つら）ねて張（は）ったものを指（さ）すのだそうである。

悪霊の侵入を防ぐ意味もある注連縄（しめなわ）は、正月には
意匠を凝らした注連飾りとして門口などに飾られる

　正月（しょうがつ）には、神社（じんじゃ）や家々（いえいえ）の入（い）り口（ぐち）に注連縄（しめなわ）や注連飾（しめかざ）りが吊（つ）るされる。魔（ま）よけの意味（いみ）がある。しめ縄（なわ）は神（かみ）を迎（むか）える清浄（しょうじょう）な場所（ばしょ）を示（しめ）すために張（は）るものだが、そのしめ縄（なわ）に橙（だいだい）やシダ、伊勢（いせ）エビなどの縁起物（えんぎもの）を付（つ）けて作（つく）った飾（かざ）りがしめ飾（かざ）りである。橙（だいだい）は子孫（しそん）の繁栄（はんえい）を意味（いみ）するなど、縁起物（えんぎもの）はそれぞれ意味（いみ）を持（も）っている。正月（しょうがつ）が終（お）わると門松（かどまつ）などと一緒（いっしょ）に神社（じんじゃ）へ持（も）って行（い）き、焼（や）いてもらう。

▶▶（3）鏡餅

　鏡餅とは、正月などに神仏に供える丸くて平たい餅である。10～20センチくらいの大小2つの餅を重ねて供える。正月には床の間に飾り、神仏に供える。地域によっては餅を三枚重ねたり、二段の片方を紅く着色して縁起が良いとされる紅白としたもの（石川県で見られる）、餅の替わりに砂糖で形作ったもの、細長く伸ばしたものを渦巻状に丸め、とぐろを巻いた白蛇に見立てたものなど様々なバリエーションが存在する。日本には、正月には年神という尊い神が家々を訪れるという古い信仰があり、その年神に鏡餅をお供えして

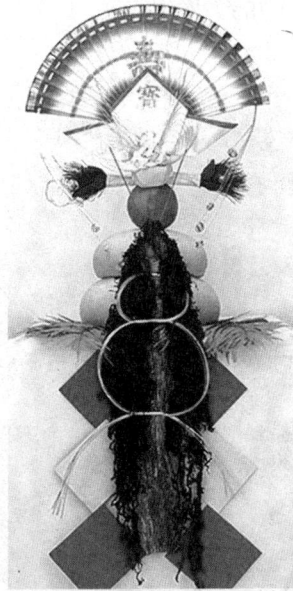

正月に迎える歳神（年神）に供える。重ね餅にするのは福徳が重なり縁起がよいためといわれている。ダイダイ、昆布、ウラジロなどを添え、扇や紙垂、水引などを飾る。重ねる餅の数や用いる飾りはさまざまである

まつるというのがもともとの意味であった。しかし最近ではそのようなことを意識する人は少なく、鏡餅も正月飾りの一部と考えられている。

▶▶（4）鏡開き

　鏡開きとは、床の間に飾っておいた鏡餅を1月11日に下ろして、食べる行事である。元来は20日に行われていたが、1651年1月20日に徳川幕府三代将軍家光が亡くなったため、11日に改められたといわれている。11日になると、鏡餅は固くひび割れてくるが、縁起物なので刃物で「切る」ことを避け、手か槌でたたいて割る。餅が割れて開くから鏡「開き」といわれるのである。

▶▶(5) お節料理

御節料理は、節日(節句)に作られる料理である。特に、正月に備えて年明けまでに用意されるお祝いの料理(献立)を指す。おせち、正月料理ともいう。

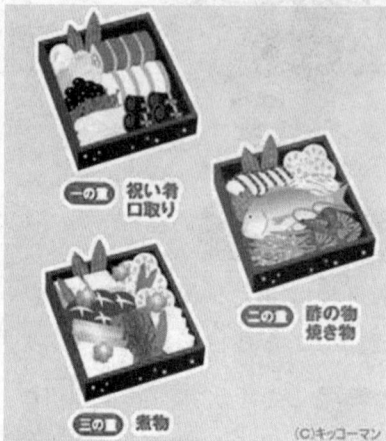

漆塗りの重箱には、口取り、焼き物、煮物、酢の物などが色とりどりに盛りつけられる。見た目が豪華である上、長持ちするのが特徴で、三が日は主婦の家事が軽減されるようにという配慮もあって、現在のおせち料理ができあがったようである。地方によって多少の違いはあるが、おせちの中身はだいたい決まっている。鯛は「めでたい」、数の子は「子孫繁栄」、昆布巻は「よろこぶ」といったように、おせちの中身にはそれぞれ願いが込められている。

一の重 祝い肴 口取り

二の重 酢の物 焼き物

三の重 煮物

(C)キッコーマン

お節料理は、三つ肴(関東では黒豆、数の子、ごまめ(田作り)の三品、関西では黒豆、数の子、敲き牛蒡の三品)と呼ばれる三品の料理の他に、様々なお祝いの料理で構成される。

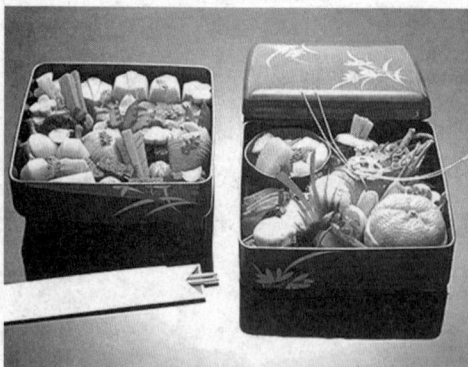

「めでたさを重ねる」意味から、縁起がよいといわれる料理を重箱に詰める。写真は簡便な二段重ねの例。正式には四段重ねである。

▶▶(6) 初詣

　新年最初の神社へのお参りは初詣と呼ばれ、全国的に見られる正月の習慣の1つである。正月の間に、人々は家族や友人と連れ立って、神社や寺院にその年最初の参拝初詣をする。その年の神様の加護と幸運を願って、神社へお参りする。

明治神宮の初詣

　一般的には三が日の間にするが、関東では1月7日、関西では1月15日に、松飾りを取り外すまでにお参りをすれば良いとされている。

　参拝者が最も多いのは、東京の明治神宮である。二番目が神奈川県にある川崎大師、三番目が千葉県にある成田山新勝寺である。

▶▶(7) お年玉

お年玉は、正月に新年を祝うために贈答される品物のことであった。現在では子供に金銭を与える習慣及びその金銭の意で用いられることが多い。金銭でなく菓子などを与える地方もある。年末に贈られる歳暮と異なり、目上の者が目下のものに贈るのが特徴である。これをもって年の賜物であるから「としだま」という名がついたという説がある。また、古くは餅玉を与えたために「年玉」の名前がついたともいう。

「たま」とは、「たましい」のことであり、「としだま」とは新年を司る年神への供え物の下げられたもののことであると民俗学的には説明される。供え物には祀った神霊の分霊が宿るとされ、それを頂くことにより、人々は力を更新して新たな一年に備えるのである。

年玉の習慣は中世にまでさかのぼり、主として武士は太刀を、町人は扇を、医者は丸薬を贈った。

近年、中学生や高校生が5,000円や1万円のお年玉をもらうことも珍しくない。お年玉の総額が何万円にもなることもある。

▶▶(8) 年賀状

年賀状とは新年に送られる葉書やカードを用いた挨拶状のことである。新年を祝う言葉を以ってあいさつし、旧年中の厚誼の感謝と新しい年に変わらぬ厚情を依願する気持ちを、また、親しい相手への場合などには近況を添えることがある。

日本に近い韓国、中国にも似た風習がある。欧米などではクリスマス・カードで新年の挨拶も済ませてしまうので、年賀状の文化はほぼない。

今年も素晴らしい一年で

ありますよう、

心からお祈り申し上げます。

平成二十年　元旦

謹賀新年

旧年中は大変おせわになりました

本年もなにとぞよろしくお願いたします。

平成二十年　元旦

3. 節分

　節分は、各季節の始まりの日(立春・立夏・立秋・立冬)の前日のことである。節分とは「季節を分ける」ことをも意味している。特に江戸時代以降は立春(毎年2月3日ごろ)の前日を指す場合が多い。節分は宮中での年中行事であった。この日の夜、人々は炒った大豆を家の内外にまきながら、「鬼は外！福は内！」と唱える。その年の健康を祈り、大豆を自分の年の数だけ食べるという習慣もある。また、寺や神社でも大がかりな豆撒きが実施される。この豆撒きは、家から邪気を追い出して災厄を祓い、福つまり幸福を呼び込むために行われると言われている。

江戸時代の節分のようす。歌舞伎役者 7 世市川団十郎の豆撒きを描いた錦絵である。豆撒きの風習が一般庶民のあいだに広まったのは江戸時代になってからである。歌川豊国画『十二組の内　七代目三舛の豆まき』三枚続　国立国会図書館

4. 立春

　立春というのは、冬から春への季節の変わり目を表す。日本には四季があり、その4つの季節の変わり目に、それぞれ節目となる日があって、立春はその1つである。
　立春、立夏、立秋、立冬は、それぞれ季節が大きく変化する代表的な季節の変わり目だが、その他にも太陽の動きに応じた20もの変わり目があり、それらをまとめて二十四節気と言う。二十四節気は、現代のグレゴリオ暦が採用になる前、その昔日本人の生活が農業に根ざしていた頃には、とても大切なものとして重きを置かれていた。今では現代生活の中で、昔のように事ある毎に二十四節気に照らし合わせてみる、というようなことはなくなった。

5. 雛祭り

　雛祭りの行事は、清めの儀式についての古代信仰に発している。ある時代には、人間の悪行と汚れは、水の流れの傍らで儀式を行うことで浄化されると信じられていた。後には、紙でできた人形がこうした儀式で用いられ、江戸時代（1600 ～

1868 年）以降、この紙人形が現在のような雛人形の形態に変容していった。赤いもうせんを敷いた5 段か7 段のひな段の最上段に天皇・皇后を模した一対の「内裏びな」が並び、以下「右大臣・左大臣」「三人官女」「五人ばやし」などが各段を飾る。しかし最近では簡略化して、内裏びなだけの飾りも増えている。

　雛祭りは、3 月 3 日に祝われ、女の子の幸福と健やかな成長や無病息災を祈って行われる。この日、家の中では、雛人形という昔の宮廷衣装を着た人形を、桃の花や、甘酒または白酒・菱形の餅（菱餅）・小さな米菓子などのご馳走の捧げものとともに飾る。

「桃の節供」ともいう。江戸時代初頭の三月節供の雛人形にかかわる行事が、寛文年間（1661 ～1673）以降に雛祭として定着したとみられる。当初、宮廷や幕府で行われていた雛祭は都市から農村へと波及し、一般化したのは明治時代以降である。楊洲周延画『千代田之大奥　雛拝見』三枚続　1896 年（明治 29）　国立国会図書館

6. 花見

　花見とは、3 月の末から4 月の初めにかけて、昔から習慣的に行われている行事で、屋外で美しく咲いた桜や梅の花を鑑賞しながら、春の訪れを楽しむ行事である。

　桜の花の下にござなどを敷いて酒を飲んだり、歌を歌ったりして春の到来を楽しむ。都会では特に夜桜見物に人気がある。春の夜空には、満開の桜の美しさが強調される。

桜の木は日本全国に広く見られ、一週間足らずという短い期間で花が散ってしまうため、毎年人々の心に強い印象を残し、桜の花の美しさと儚さは、しばしば人の命の儚さに例えられたりする。

例年、各地域の桜の開花予想日が気象庁から発表され、ソメイヨシノの開花を基準に、同じ日に開花が予想された地域を線で結んだ桜前線なるものが出現する。宴会組も含めて、花見に行く人の多くは、花見の予定を立てるのに、こうした開花予想を参考にしている。

7. 子供の日

こどもの日は5月5日で、端午の節句と呼ばれており、男の子の健やかな成長と

将来の成功を祈る日となっている。この日、男の子のいる家庭では武者や英雄を模した五月人形を飾ったり、空高くこいのぼりを立てたりする。鯉は滝でも泳いで登ってしまう力があり、昔から立身出世のシンボルとされてきたことによる。この日には薬効があるといわれる菖蒲を風呂に入れて入る習慣が昔からあり、ちまきや柏餅といった伝統的な和菓子も欠かせない供物となっている。

　大昔は、一年の五番目の月は不吉な月であり、その五番目の日はとりわけ不吉であると考えられていた。端午の節句は最初、年に一度行われる、けがれを取り除く清めの儀式として発達した。

　現在、都心部では、十分な場所の確保ができないせいか、最近あまり鯉のぼりを見かけなくなってしまった。

8. ゴールデンウィーク

　4月は、新学年が始まったばかりの学生や生徒たちにとって、また、財政年度の始まりに当たるこの月に就職したばかりの新入社員にとってもストレスの多い時期である。しかし、4月末から、多くの人々は1週間から10日の休みがある。それはこの時期に、4月29日の昭和の日、5月3日の憲法記念日、5月5日のこどもの日と、一連の祝日があるからである。加えて、1985年からは5月4日も祝日と指定された(現在はみどりの日)。この時期は通常、「ゴールデンウィーク」と呼ばれる。気候は暖かく小旅行にも適し、日本中の観光地が観光客で賑わう。「ゴールデンウィーク」は、交通渋滞や列車・空港の混雑でも知られている。

9. 七夕

　七夕は7月7日に行われる星祭りである。地域によって8月7日に祭りが行われる所もあるようであるが、これは元々七夕の行事が旧暦(太陰暦)の7月7日に行われていた事に由来する。七夕の物語は最初、中国と朝鮮を経由して日本の宮廷に伝えられ、その後庶民の間でも普及した。それは、一年に一度だけ、天の川の橋の上で、牽牛星と織姫星が出会うというものである。この日に願い事をすれば叶うと信じられており、人々は庭先などに、笹を立て、その枝に願い事を書いた細長い紙片をつける。もとは朝廷の貴族の間で行われていた祭であったが、江戸時代(1603～1867)から一般庶民の間に定着した。

　現在、七夕の祭りは日本中の多くの場所で見られる。そのうち特に有名なものは、京都の北野天満宮、香川県の金毘羅宮、神奈川県平塚市や富山県高岡市で行われる祭りである。また宮城県の仙台七夕まつりも有名で、これは、かつて七夕が陰暦に従って祝われていた季節に近い、1か月先の8月7日に行われる。

毎年7月に開催される平塚市の「湘南ひらつか七夕まつり」は、戦後の復興を祈って1951年(昭和26)に始められた。神奈川県平塚市　© Shogakukan

10. 花火大会

　花火は夏の代表的な風物である。江戸時代（1603～1867）に江戸（現在の東京）の隅田川で、玉屋と鍵屋という花火屋が競って打ち上げた花火大会がその起源である。夏には各地で花火大会が行われる。日本の夏は暑く、湿気が多いので、眠れぬ夜のにふさわしく、にぎやかな催しである。夏の夜空は、色鮮やかな花火に彩られる。夜空に美しく咲いてパッと消える様子は、桜と同様、潔さや無常の象徴にたとえられる。現在の花火の打ち上げはコンピュータでコントロールされているものが多く、正確で、目を見張らせるような視覚的効果を高めている。

小江戸川越花火大会（埼玉）

11. 盆

　盆（お盆）は、その年のこの時期に戻ってくるとされる、その家の先祖の霊を迎え入れ、なぐさめる年中行事である。7月または8月の13日から15日に行われる仏教行事の一つで、先祖の霊を供養するものである。このときに霊が戻ってくるといわれているため、霊が道に迷わないよう家の門口で迎え火をたいたり、室内にちょうちんをともしたりするほか、仏壇をきれいにし、野菜や果物などの供物を飾る。そして盆が終わると霊を送り返す。これを精霊送りといい、送り火を門口でたき、供物を川や海に流すのである。

▶▶（1）お盆の起源

　お盆の正しい名称は盂蘭盆会で、この盂蘭盆会とは父母の霊や祖霊を供養し、地獄や餓鬼道に落ち、逆さ吊りにされて苦しんでいる霊を救うという行事である。盂蘭盆会は、文字どおり盂蘭盆の行事という意味だが、盂蘭盆という言葉は、サンスクリット語の「ウランバナ（ullambana）」から来ていると言われていて、古くはその音をそのまま漢字に置き換えて、「烏藍婆拏」あるいは「烏藍婆那」と書かれていたと考えられている。「ウランバナ（ullambana）」とは、サンスクリット語の「ウドランブ（ud）（lamb）」から来ているそうで、これは「逆さに懸かる」、つまり「逆さ吊りにされている」ことを意味していると言われている。

▶▶（2）お盆の由来

　お盆は一般的に仏教の行事だと受けとめられているが、仏教の教義だけでは説明できない部分もたくさんある。これは、古くから日本に存在していた祖霊信仰にまつわる民俗行事に、仏教行事の「盂蘭盆会」が後に合わさったからではないか、と考えられている。日本には古くから、一族の死者の魂がやがて一族の土地の守護神となり、豊かな実りをもたらしてくれると考える、祖霊信仰というものがあった。
　また、いつ頃からかは分からないが、1年に2度、初春と初秋の満月の日に祖先の霊が子孫のもとを訪れて、交流する行事があったと言われている。この行事の内、初春に行われていたものが後に正月の行事となり、初秋に行われていたものが盂蘭盆あると結びついて、仏教の行事として行われるようになったのではないか、と考えられているようである。こうした行事の日程が旧暦に基づいていたことを考えると、初春の行事は現在の2月頃、初秋の行事は10月頃行われていた事になり、田植えの準備が始まる時期や、稲の収穫の時期とほぼ重なっている事から、お盆は日本の稲作文化の中から生まれて来た祖霊信仰の上に成り立った行事、と考えてよいのではないだろうか。
　現在、記録に残っている最も古い日本のお盆行事は、606年に推古天皇によって行われたものだと言われている。

▶▶ (3) 日本の盂蘭盆会の誕生

　仏教の影響を受けた他の日本の行事と同じように、5世紀の中頃に中国から韓国を経由して仏教が日本に伝わると、仏教行事としての盂蘭盆会が、それまで日本にあった祖霊信仰をベースにした行事と、結びついて行く事になる。733年には聖武天皇が大膳職と呼ばれる、宮中の食事を作っていた役所に、盂蘭盆供養をさせたとされていて、それ以来盂蘭盆会は、旧暦の7月14日に行われる恒例の仏事になったのだそうである。

▶▶ (4) お盆の道具と習慣

　お盆には、「精霊棚」や「盆棚」と呼ばれる台の上に、真菰で編んだゴザを敷き、その中央の奥に先祖達の位牌を安置する。この「盆棚」は、先祖の霊が家に帰って来た時に、霊の居場所となる。「盆棚」を設けるスペースがない場合には、仏壇で「盆棚」を兼ねることもある。位牌の前には、きゅうりで作った馬や茄子で作った牛などが置かれるが、きゅうりで作った馬には、先祖の霊がこの馬に乗って一刻も早く家に帰って来るように、茄子で作った牛には、歩みの遅い牛に乗ってゆっくりあの世に帰ることができるように、との願いが込められているのだそうである。
　仏壇や精霊棚の前、あるいは軒先などには、盆提灯や盆灯籠と呼ばれる明かりを灯す。この明かりは、先祖の霊が家に戻って来る際の目印になると考えられている。そして庭先や門の入り口で、麻幹と呼ばれる麻の皮を剥いだ茎を折って積み重ね、それに火をつけて燃やし、その場で合掌する。これを迎え火と呼び、先祖の霊が麻幹を燃やした煙に乗って戻って来て、煙に導かれて家の中にある仏壇や精霊棚に、迷う事無くたどり着く事ができると信じられている。そして、先祖の霊を送り出す時には、迎え火を焚いたのと同じ場所で、もう1度麻幹を折って重ね、それに火を付けて送り火を焚き、煙に導かれて先祖の霊は再びお墓に帰ると言われている。
　先祖の霊が帰った後には、盆踊りが踊られる。盆踊りは元々、平安時代の僧侶達がお経を唱えながら仏像の周りを回る、行道と呼ばれる修行の1つだったと考えられている。それが後に空也上人によって、「踊り念仏」として確立されたとされている。

▶▶ (5) 現代のお盆

お盆の行事があるために、企業などの夏休みは8月15日を中心に取るのが一般的になっていて、その際には東京などの大都市から、盂蘭盆の行事が行われる郷里まで、帰省ラッシュが起きるのが毎年恒例となっている。けれども、仏教の生活習慣を意識しない若い世代にとっては、この期間は単なる夏休みとなっているようである。また、盆踊りも現代では死者供養や死者救済といった仏教色はすっかり薄れて、お盆との関連性もなくなりつつある。寺社の境内などで行われる事も少なくなり、今では花火や夏祭と並ぶ夏のレクリエーション、という位置付けになっている。

12. 月見

旧暦8月15日の夜には月見団子やすすきの穂、季節の果物などを窓辺に飾って月に供え、満月を鑑賞する。澄んだ秋空に浮かぶ満月は格別美しく見えるものだが、農耕民族である日本人の月見の原型は、月を神に見立て、これから実る稲の豊作を祈るための行事だったとされている。もともと中国で行われていた習慣だが、平安時代（794～1185年）に日本にも広った。

13. 七五三

11月15日に子供の安全と健やかな成長を祈って行う行事である。日本では奇

数はめでたい数とされてきたため、子供の成長にとって大切な時期の奇数年、すなわち男の子は3歳と5歳、女の子は3歳と7歳に祝うのである。この日、子供たちは晴れ着（伝統的に男の子は羽織と袴を着け、女の子は着物を着るが、現在ではスーツやドレスを着た子たちも大勢見られる）を着て両親と神社に行き、氏神に参詣する。子供たちには千歳飴という、鶴や亀の描かれた袋に入った紅白の細長い飴が買い与えられ、家では、小豆とともに炊いたご飯（赤飯）や、頭と尾ひれがついたまま焼かれた鯛（尾頭付きの鯛）を食べて、家族でお祝いをする。「千歳」は千年を意味し、鶴も亀も日本では長寿の象徴である。また赤と白は日本人にとってめでたい色の組み合わせで、ここには子供の健康と成長への祈りが込められているのである。

女児の参詣のようす。後方につき従う少年の手には千歳飴がみえる。七五三の名でこの祝いが盛んになったのは明治時代の東京においてであり、全国的に広まったのは第二次世界大戦後からだといわれている。楊洲周延画『安津末風俗十一』© 国立国会図書館

子供達にとっては、めったに着る機会のない着物を着るという意味で、わくわくする楽しいイベントのようである。殆どの女の子にとっては、この七五三が人生初のお化粧を体験する時でもあるし、男の子にとっては、晴れ着セットを購入すると付いてくるオモチャの刀に狂喜乱舞し、それを振り回して遊ぶ絶好の機会だったりもするからのようである。

14. 忘年会
ぼう ねん かい

12 月初め以降、忘年会と呼ばれる年末のパーティが、飲み屋やレストランで開かれる。忘年会には、その一年よく働いたことを互いに認め合って感謝し、同時に苦労を忘れ、年末をよりよく過ごせるようにとの思いが込められている。日本人は忘年会が大好きで、あらゆる年代、あらゆる種類の集団に属する人々が、学生やサラリーマンも含め、忘年会のスケジュールで忙しくなる。ほとんどの場合、費用は参加者の割り勘だが、会社が従業員のために忘年会のスポンサーとなり、費用を負担するというケースもある。

忘年会は自発的結社によって担われる納会型のもの、私的交友関係や家族間で執り行われる年わすれ型のもの、戦後急激に伝播した企業忘年会型のものなど様々な形態がある。

15. クリスマス

日本ではクリスマスは、季節の行事として普及している。キリスト教徒であるなしにかかわらず、日本人はクリスマス・ツリーを飾ったり、クリスマス・ケーキを食べたり、クリスマス・プレゼントを交換したりするのを楽しむ。子供たちにとっては特に楽しみな行事で、眠っている間にサンタクロースがプレゼントを持ってやってくるのを待ちわびる。ボーナスの時期と重なり、消費意欲を刺激するデパートや企業の戦略が、このようなクリスマス文化を作ったともいえる。11 月後半になると繁華街には大きなツリーが飾られ、デパートや街の商店街などではクリスマス・セールの宣伝が行われる。

16. 大晦日
おお みそ か

クリスマスが過ぎ忘年会も終わる 1 年の最後の日、12 月 31 日を大晦日という。新しい年を気持ちよく迎えるため、家中の大掃除、畳や障子の張り替えなどはこの

日までに済ませておき、帰省してきた家族をも交え、一家だんらんのうちに正月を迎える。

　夜の12時近くなると、全国の寺では、「除夜の鐘」と呼ばれる鐘つきが始まる。鐘は108回つかれるが、それは108あるといわれる現世の欲（煩悩）の清めを象徴している。そして人々は除夜の鐘の音を聞きながら、翌年の健康や長寿を願って年越しそばを食べる。この年越し蕎麦を食べる風習は、日本全国的に見られるもののようだが、その他にも各家庭や地域によって、年越し蕎麦の代わりに年越しうどんや、新年を祝う料理の一種である年取り料理を食べる習慣が、現在でも残っている。

　紅白歌合戦は、大晦日に放送される特別番組の1つで、かつては大晦日の晩に家族揃って紅白を見るというのが定番だったが、最近では若い世代を中心にすっかり人気がなくなってしまっている。彼等にとっては、K1やPRIDEグランプリといった格闘技番組の方が魅力的なようだし、中にはテレビ番組自体に全く興味が無いという人もいる。

豆知識：お盆の起源

　お盆の正しい名称は盂蘭盆会で、この盂蘭盆会とは父母の霊や祖霊を供養し、地獄や餓鬼道に落ち、逆さ吊りにされて苦しんでいる霊を救うという行事である。盂蘭盆会は、文字どおり盂蘭盆の行事という意味だが、盂蘭盆という言葉は、サンスクリット語の「ウランバナ(ullambana)」から来ていると言われていて、古くはその音をそのまま漢字に置き換えて、「烏藍婆拏」あるいは「烏藍婆那」と書かれていたと考えられている。「ウランバナ(ullambana)」とは、サンスクリット語の「ウドランブ(ud)(lamb)」から来ているそうで、これは「逆さに懸かる」、つまり「逆さ吊りにされている」ことを意味していると言われている。

第二節　芸術芸能

　日本の芸術芸能は、主に伝統芸術と工芸とがある。伝統芸術は、茶道、華道、書道、浮世絵などがあり、工芸は、日本画、工芸は、陶磁、漆器、七宝焼き、屏風などが挙げられる。

1. 茶道（茶の湯）

　茶道は、来客の際の茶の入れ方や飲み方の伝統的な作法で、茶の湯ともいわれる。客の前で作法に則って抹茶を点てて供するものである。正式な式次第による茶事は食事（茶懐石）と二度の供茶（濃茶と薄茶）を行い、およそ4時間続く。その間、亭主はずっと、客を美的・知的・身体的に楽しませ、また心の落ち着きを与えるよう考えられた場を創り出すことに全精力を傾ける。

　茶道では抹茶といって、日常飲む煎茶とは違うものを主に使用する。茶碗に粉末の抹茶を入れ、湯を注いで茶せんでかき混ぜ、泡立てて飲む。16世紀に千利休がわび、さびといわれる簡素な趣や「一期一会」の心を取り入れ、茶道を大成した。「一期一会」とは一生にただ1度の出会いという意味で、主人は出会いを大切にするために、床の間に飾る掛け軸や花、茶碗などの道具を心を込めて用意する。一方、客はそれらのものから主人のもてなしの心を思い、感謝の気持ちを持つのである。

　これができるようになるため、亭主は何十年も精進するが、それは客の前で茶を供する決まった手順を身につけるためばかりではない。美術・工芸・詩歌・書道の鑑賞法を学び、生け花・料理・庭の手入れに精通し、同時にみや無私の心、他者に仕えるための心遣いを我が身に染み込ませるのである。

　亭主のあらゆる精進は参加者を楽しませるためだが、これは茶道が客の勝手気ままな娯楽のためのものである、ということではない。茶事は、光や水の音、炭火のき

らめき(これらは全て質素な茶室のしつらえの中で強調される)といった極めて簡素な自然の美と、例えば、美しいものを創り出すといった、人間の努力を通じて表現される宇宙の創造力、その両方に注意を向けることで、参加者も謙虚な気持ちになるように考えられている。

茶室での会話はこのような話題に絞られる。客は雑談や噂話をせず、茶道具の由来を話し合ったり、自然美を賞賛したりすることに会話を限定するのである。

茶事の目的は禅宗の目的、すなわち今その時を生きることであり、作法全体がその感覚に集中することで、完璧にその場と関わり合い、世俗の考えに心を乱されないようにできている。

日本人はいつも家庭で一連の正式な茶事を行って寛いでいると誤解している人もいるかもしれない。現在日本では、個人が茶室を持つような贅沢をしたり、茶室で人をもてなそうと考えたりすることはまれである。

しかし、多くの日本人が茶道を学んでいるかと問われたら、その答えはイエスで、男女とも、また裕福な人も貧しい人も、何百万人もの人が、日本の何百もの茶道の流派に属して学んでいる。一年を通して毎週、一回2時間ほど先生のもとへ行き、3～4人で稽古をする。それぞれが順番に茶を点てたり、客の役をしたりする。それから帰宅して、また翌週には集まって同じことをするというように、多くの人が一生これを続ける。

学んでいく中で、生徒は茶の入れ方を習うだけではない。完璧な炭火の起こし方、茶道具の手入れや抹茶の点て方、美術や詩歌・焼物・漆器・木工芸・庭の鑑賞の仕方、野の花の見分け方や花の季節なども習うのである。また畳の部屋での立ち居振る舞いや、常に他人を立てて考えることも学ぶ。

茶道の教授は本で学ぶことをよしとせず、あらゆる振る舞いを頭ではなく体で覚えるようにする。伝統芸術、つまり茶道・書道・華道・武道は全て、そもそも教本や手引き書なしに教えたものなのである。目指すところは物事の観念的な把握ではなく、心のあり方を会得することだからである。

毎週、茶道具や季節の違いによって、決まった手順にわずかな変化がつけられ、生徒が自分のやり方に自己満足してしまわないようになっている。それによって生徒は、茶道とはいずれ完了する学習ではなく、生き方そのものだと再認識させられるのである。生徒が茶会に出席する機会は頻繁にあるが、学んだこと全ての集大成

である、正式な4時間ほどの茶事に一生行くことがなかったとしても問題ではない。大切なのは学ぶ過程だからである。知識を少しずつ積み重ね、徐々に感覚を磨き、日常世界の小さな山や谷を品位を保ってこなす力を一歩ずつつけていく、小さいけれども喜びの多い歩み。茶の湯の力は、そんな自己実現を広げていくところにあるのである。

▶▶ (1) 茶道の歴史と侘び茶の発展

初めて中国から体系的に茶の知識を持ち込んだ書物は唐の陸羽(733年~804年)の書いた『茶経』と言われている。この本には、茶の木の育て方、収穫方法と道具、たてかた、飲み方、歴史などが詳しく書かれている。

中国から伝来した後、緑茶は12世紀頃から、寺院や貴族、支配層である上級武士の邸宅で喫されるようになった。茶は最初は薬として飲用され、寺院で瞑想中に目を覚ましている手段として飲まれていた。茶の湯の初期の形式は、大広間で貴重な茶道具を誇示するためであったり、また参加者が様々な茶の産地を当て合うといった賑やかな集まりのための場だった。それが、14~15世紀の禅宗の高僧の影響により、客の前で茶をもてなす手順が、今日も多様な流派で何百万人もの生徒が学んでいるような、精神的に高められた形に発展した。

特に、15世紀の禅宗の高僧、村田珠光(1422~1502年)は、それまでのあらゆる慣行を破り、簡素な四畳半の和室で貴族の会衆のために茶事を行いた。茶の湯を完成させたは千利休(1522~91年)ある。利休は16世紀の日本で最も繁栄した大坂近郊の港町である堺の商人の息子で、その背景から富豪の茶会に触れたのだが、むしろ、日常の中に神聖さを見出して尊ぶという、禅の思想の体現として茶の湯を捉える禅僧の思考の方に興味を抱くようになった。珠光の先例を手がかりに、利休は、茶室や茶の点て方から不要なもの全てを取り除き、無駄な動きや余分なものの全くない茶の湯を作り上げたのである。

利休は、贅沢な広間で高価な渡来品を用いる代わりに、藁葺きの庵で、素朴な釜と簡素な塗りの茶入れ、茶杓、竹をささらにした茶筅を備え、茶を喫するのにも一般的な茶碗だけを用いて茶を点てた。

利休様式の茶室での唯一の装飾は、床の間に飾られた掛け軸、または花入れである。華やかな装飾を全く排したために、客は細部に目が行くようになり、自らの周

囲の簡素な美や自分自身に目覚めるのである。

　利休の茶の湯の要諦は「侘び」である。侘びとは文字どおり「侘びしさ」を意味する。禅の哲学は厳しさの肯定的な面を取り上げ、最高の豊かさは厳しさと貧しさの中にある、なぜなら物質的なものへのこだわりを捨てた時に、自らを顧み、真の精神的な豊かさを見出すからだと説く。このため、利休の茶の様式を侘び茶と言う。

　利休の死後、その孫、さらに後には3人の曾孫が利休の茶の様式を継承した。一方、侘び茶の変型の流儀が一部の武家領主の影響下で発達した。地位が上がると、素朴な侘び茶よりももっと洗練された道具や、凝った作法・手順が必要になったからである。新たな流派がいくつも立てられたが、侘び茶の精神はそれら全ての中心であったと言うことができるだろう。近代を迎えて(1868年以降)、武士階級が廃止されると、茶の湯を行う中心は女性になった。上品な作法や審美眼を磨くため、茶の湯はあらゆる若い女性が学ぶことを求められるものとなったのである。同時に、政治家・実業家や美術収集家も、茶道を美術工芸品の収集・鑑賞の手段として利用した。

▶▶(2) 禅宗との深い関わり

　茶道はもともと唐(618～907)の時代の中国から伝わった。茶道の精神は禅宗の考え方に基づいており、鎌倉時代、日本全国に禅宗が広まるのと共に茶道も全国的に広まった。そして、室町時代の華やかな東山文化のもと、茶の湯が成立した。その後、安土・桃山時代に千利休が侘茶を完成させ、これが現在の茶道の原形となった。千利休の死後、茶道は子孫に受け継がれ、表千家、裏千家、武者小路千家の、いわゆる三千家の流派が生まれた。流派としてはこの三千家を中心に多くの流派が生まれ、現在では日本国内のみならず、海外からも注目されている。

▶▶(3) 茶会

　本格的な正式の茶の湯(茶事)では、客はまず寄付に集まり、後に茶を点てるために使う湯を一杯供される。それから庭の腰掛に進み、亭主の迎えを待つ。この迎えは中門での無言の礼という形を取る。客はそれから蹲踞に進んで水で手と口を清め、あらゆる人が平等であることを自覚させるために考えられた低い入口(踊り

口)から茶室に入る。

客は床の間の掛け軸を拝見するが、これは通常禅僧の書が用いられる。それから畳の上を膝で進んで席に着く。決められた挨拶の後、亭主は炉に炭をつぎ、空腹のつらさをちょうど取り去るだけの簡単な季節料理を出す。これに続いて生菓子が出される。

その後、客は庭の腰掛に戻り、もう一度茶に呼ばれるのを待つ。茶入れ・茶杓・茶碗は象徴的な清め方で拭き清められるが、そのリズミカルな動きは客を集中した落ち着きに誘う。濃茶が静けさの中で点てられ、一杯の茶が客に回される。心の結びつきの象徴として、茶碗の同じところから飲むのである。それから亭主は炭を足し、干菓子を出して、泡の立った薄茶を点てる。この最終段階になると雰囲気もくつろぎ、客もくだけた会話をするが、それでも会話の内容は茶道具や室内の鑑賞に限られる。

客全員の代表として振る舞うのは主客の務めで、その会のために選ばれた茶道具や飾り物それぞれについて質問し、いささかも客の気を逸らすことがないよう、亭主と力を合わせて会をつつがなく運ぶ。

▶▶(4) 茶の受け取り方・頂き方

客は畳んだ懐紙を持参し、食べる前に菓子をその上に載せる。生菓子を切って食べるには専用の楊枝を使うが、干菓子は指でつまんで食べる。

茶碗を受け取ったら自分と次客の間に置き、先に頂く挨拶をする。それから茶碗を自分の膝の前に置き、亭主に礼をする。

茶碗を取り上げて左の手のひらに載せ、会釈して感謝しつつ軽く持ち上げる。茶碗を回して、焼き物の印や装飾で示されている器の正面に口をつけないように茶を飲み、口をつけたところを指でぬぐう。それから茶碗を回して正面を手前に向ける。茶碗を自分の前の畳の上に置き、肘を膝について茶碗を持ち上げて拝見する。茶碗を返す際には正面が亭主に向くようにする。

▶▶(5) 千利休の教え

現在の茶道の原型を完成させた千利休は茶道の心得を、「四規七則」と説いた。

「四規」とは和敬清寂の精神を言う。

和…お互い仲良くする事。

敬…お互い敬いあう事。

清…見た目だけでなく心の清らかさの事。

寂…どんな時にも動じない心の事。

「七則」とは、他人に接するときの以下七つ心構えである。

「茶は服のよきように点て　炭は湯の沸くように置き　冬は暖かく夏は涼しく　花は野にあるように入れ　刻限は早めに　降らずとも雨具の用意　相客に心せよ」

つまり、「心をこめて、本質を見極め、季節感を大切にし、いのちを尊び、ゆとりをもち、やわらかい心を持ち、たがいに尊重しあう」のが大切だということである。

この他に千利休の教えをはじめての人にもわかりやすく、おぼえやすいように、和歌の形にしたものを、「利休道歌」という。

②. 華道・生け花

華道とは植物のみや、植物を主にその他様々な材料を組み合わせて構成し、鑑賞する芸術である。

華道は「花道」とも表記し、またいけばな（生け花、活花、挿花）とも呼ばれ、6世紀に仏教の僧が仏前に花を捧げたのがその起源だといわれている。ただし華道という呼称は「いけばな」よりも求道的意味合いが強調されている。16世紀ごろから盛んになった日本の伝統的な芸術の1つである。自然の花を使って天（宇宙）、地（地球）、人の3要素をバランスよく表現する、という考え方が基本である。広口で平たい花器に水を張り、金属板にたくさんの太い針が上向きに並んだ剣山で花を固定し、盛り上げるように花を生ける、という様式が一般的である。はさみで長短をつけたり、葉の形を修正したり、手で反りを加えたりして、自然の美や心情を表現するのである。現代では芸術の一ジャンルとして、植物を使わない前衛的な生け花も行われている。

華道にはさまざまな流派があり、様式・技法は各流派によって異なる。華道は日本発祥の芸術ではあるが、現代では国際的に拡がってきている。欧米のフラワー

デザインは、3 次元のどこから見ても統一したフォルムが感じられるように生ける
とされる。華道の場合、鑑賞する見る方向を正面と定めている流派も多くあるが、3
次元の空間を 2 次元で最大限に表す流派もある。また華道は色鮮やかな花だけで
なく、枝ぶりや木の幹の形状、葉や苔となどすべてを花材とし鑑賞する点でも、海外
のアレンジの概念とは一線を画している。

　生け花という語は通常「日本のフラワー・アレンジメント」と訳されるが、生け
花の花材としては切り立ての枝や蔓、葉、草、果実、種、花のほか、枯れた植物も用い
られる。実際、自然物なら何でも使え、現代生け花ではガラスや金属、プラスチック
も利用するのである。日本の伝統芸術の一つとして、生け花は装飾の概念だけでな
く、象徴言語としても発達させ、自然のはかない草花を用いることで、「時」という
要素をこの芸術創造に不可欠のものとした。花材相互の関係、生け方の様式、花器
の大きさ・形・素材・量感・色、そして飾る場所と時など、全てが決定的に重要な
要素となる。生け花 500 年の歴史では、家庭を飾る慎ましいものから、展示会場全
体を満たす広大な風景のような作品や革新的彫刻のような作品まで、幅広い形式が
生まれてきた。種々様々な現代作品と同時に、伝統的な形式のものも今なお学ば
れ、創られ続けている。また、生け花は「花の道」という意味で華道とも呼ばれる
が、季節の移り変わりや時の変化について観想する形式としても追求されてきた。
そもそも宗教から生まれたこと、そして誕生・成長・衰退・再生という自然のサイ
クルと深いつながりを持つことが、生け花に深い精神的な余韻を与えているので
ある。

▶▶ (1) 起源

　華道の起源は古代からのアニミズムの流れとして、採取した植物を住居などで
ある空間にて再構成する行為に基づくという研究もある。植物は動物と異なり、
切り落としても適切な処置すればある程度生命を維持することができる。こうし
た植物の特性に神秘を見たとも考えられる。それは常緑樹信仰にも通じ、人間の手
の及ばない神秘の力を花器の上で包括的に管理してしまおうとする試みであると
も考えられる。

▶▶（2）発展

　日本の多様な自然の風景と古代の農耕に根ざした暮らし方が、生け花発展の背景となった。決定的に影響があったのは6世紀、中国からの仏教の伝来で、仏教とともに仏や死者の魂に花を捧げる習慣（供華）が伝わった。供華は3本の枝による単純で対称的な形を取っていたが、17世紀初めまでに、文字通り花を立てることを表わす立花へと発展した。これは池坊流の仏僧が生み出したものである。この精巧な芸術形式は背の高い銅の壷に生ける形で行われ、非常に高度な技術を要した。主枝は天または真実を象徴し、通常は非対称で、枝の上端から鉢の中心線に触れないように、右か左に曲げられる。その他の多数の枝は、それぞれが象徴的な意味や装飾上の機能を持ち、想像上の球の中心である中心のまとまりから生え出す。全体として立花の作品は、心象の上で一つの景観を描くことで宇宙全体を表わす小宇宙だった。立花の主要な特徴、すなわち非対称性・象徴性・空間的奥行は、その後の発展に強い影響を及ぼすこととなった。

　立花とは全く対照的に、文字通り茶の花を表わす簡素な茶花は、16世紀、茶道（茶の湯）の一部として生まれた。小さな花器に1本か2本の花や枝で造形されるもので、茶花は投げ入れという自然な様式の基礎となった。これは背の高い花器にわずかな花材を生け、シンプルで詩的な自然美のイメージを呼び起こすため、微妙な技術を用いるものであった。立花と投げいれは、その後の生け花の歴史に一種の対位法ともいうべきものを作り出す。一方では複雑な技術やスケールの大きさ、象徴性、決まった様式の強調があり、もう一方では自然さや簡素さ、暗示性、花材そのものの持つ自然な特徴の尊重があった。この両者の間の緊張関係は、その後の華道のあらゆる革新につながっていく。

　江戸時代（1600～1868年）、日本は国内の平和と堅調な経済成長を謳歌した。生け花はかつて仏僧や宮廷貴族・上流階級が独占していたものだが、武士や富裕な商人など、女性を含む広い層で行われるようになったのでる。この時代、立花の様式は硬直した形式的なものになり、文字通り「生きた花」を表わす生花（せいか・しょうか）という、立花よりも簡素な様式が生まれて、人気を拡大していった。生花も、型を重んじる傾向はあったが、非対称または不等辺の三角形を基本とした枝3本の構成を取り入れた。多くの新しい流派がこの構成の変化形を作り上げたが、造

形中の3本の枝は天・地・人として定着するようになった。様々な変化形を生み出したこの形式が全ての生け花指導の基本となり、最新の流派でさえこれに基づいている。

　江戸末期から明治初期の頃、世界的なニッポン文化ブームにより華道・生け花が欧州に紹介され、ヨーロッパのフラワーデザインにラインアレンジメントの手法として影響を与えた。国内ではやがて花姿は時代の流れに即し、なげいれ花、盛花などさまざまな型が編み出された。また異種花材として植物以外のあらゆる材料も「花材」として盛んに取り入れられている。

▶▶ (3) 近代の生け花

　明治時代(1868~1912年)初めから日本が西洋の影響にさらされたことは、国内の暮らしのあらゆる面に大きな変化をもたらした。生け花においては、小原流の創始者、小原雲心(1861~1916年)が盛り花、文字通り「盛り上げた花」という様式を作り出し、生け花芸術を刷新した。それまでのどの伝統的様式でも、花材は集められて花器の一点から伸びるように構成されていたのだが、小原は様々な支えを用いて、水盤という浅い幅広の水鉢表面全体を覆うように切り花を配したのである。これにより、伝統的様式には取り入れられなかった新しい外来の花材も使えるようになった。また、自然の風景を象徴的ではなく自然な表現法で描く、「写景」という風景の創造も可能になった。

　その他の重要な革新者としては、安達潮花(1887~1969年)がいる。安達は盛り花を取り入れ、自身の作品を単に「装飾的」と表現した。

　草月流の創始者、勅使河原蒼風(1900~79年)は、生け花は現代美術として自由で創造的な表現を推進しなければならないとして、生け花の世界を広げた。戦後になると、アヴァンギャルドな作風を持つ前衛花が、抽象彫刻や超現実主義的なアプローチを取り入れ、生け花の表現力を大きく拡大して、作品のスケールと花材の幅を広げた。さらに、池坊など伝統的流派は、独自の伝統的様式を保持しつつ、現代の立花や生花を創り出しながらも、教授内容に盛り花を取り入れるなど、より新しいアプローチも加えるようになった。現代の華道界では三大流派である池坊・小原・草月が圧倒的で、それぞれ100万人以上の会員がいるとされているが、他にも大小

様々な流派が何千ともある。主な流派は全世界に支部や研究グループを広げており、また、多くの流派を代表する包括団体である生け花インターナショナルが、1956年に東京で設立されて、生け花芸術を世界的規模で推進している。

　生け花は、特定の流派に属さない多くの一般人によっても変わることなく実践されており、日本の日常生活にすっかり溶け込んでいる。一年を通じて生けられた花が家庭を飾り、特定の花材は特定の時や祭りと結びついている。常緑の松は永遠の象徴で、新年に好まれる花材であり、伝統的に若さの柔軟性を示す竹や、不老長寿を示す梅と組み合わされる。3月3日の雛祭りは少女の祭りでもあり、雛人形と一緒に桃の花が飾られる。また菖蒲は男の強さの象徴で、5月5日のこどもの日（端午の節句）に生けられ、7月7日の七夕には笹が飾りつけられる。そして9月に月を観賞する月見には、秋の花材の代表、ススキの穂が飾られるのである。

▶▶（4）基本的アプローチと技術

　植物をできるだけ長い間端々しく保つには、十分な水がなければならない。植物の新鮮さを保つため、数々の技法が使われる。茎の付け根を潰したり、熱湯に浸けたり、焼いたり、薬品を使ったりする。しかし、最も一般的なやり方は、茎を水中で切り（水切り）、すぐに使うことである。しおれた草花を蘇らせるには、水中で茎を切り、少なくとも30分間水に漬けておく。

　現代では盛り花と投げ入れの二つが主流である。盛り花では剣山という針のついた支えを使って、浅い花器に花を生けるのに対し、投げ入れは様々な方法で花材の位置を保ちながら、高さのある花器に花を生ける。

　背の高い花器に生けるには、様々な花材に対して、茎や枝を折り曲げて位置を保つ方法（折り留め）が使われる。

▶▶（5）自然美の強調

　どの流派の教師も認める基本的なポイントがいくつかある。第一に、まず最初は、その植物の自然な状態がどういうものなのかを認識しなければならないということである。植物は自然から（あるいは温室から）切り出された時点で、独自の性格を持った造形用の花材となる。花材を見るときには、細部にこだわるのではなく

全体の形を見る。たとえばツバキなら、最も重要なのは花ではなく枝振り全体、特に葉である。花は、元の場所から取り除いて、全体のデザインに効果がありそうな場所につけ直すこともできる。また、折り曲げることで枝に好ましいカーブを持たせたり、もともと曲がっている枝を真っ直ぐにすることもある。不要な細部を取り除くことは不可欠なテクニックで、線の美しさを強調するために枝の刈り込みも行われる。桜や梅、桃の枝から少し花を取り除くのは、線をはっきりさせるためだけでなく、残した花の美しさを強調するためでもある。

　花は全て、特定の方向に向いた「面」を持っている。花を生ける際には、その面を正面に見せるのか、横にするか、後ろを向かせるかを考えなければならない。花は葉と一緒に使うのが普通だが、アヤメやスイセンの葉を茎からはずし、もっと形よくまとめて花と一緒にし、「自然さ」と「造形上の効果」の両方を見せることもよくある。

3. 日本画

　日本画は、岩絵の具で描いた日本の絵画である。奈良時代（710〜784）から平安時代（794〜1185）には徐々に日本的な絵画の特質が現れ始め、大和絵として確立した。鎌倉時代（1185〜1333）にはやはり中国から水墨画が伝わり、室町時代（1392〜1573）に日本独自のものが完成した。江戸時代（1603〜1867）には浮世絵が誕生した。狭義では、明治時代以降において、油彩に依らず、旧来の日本の伝統的な技法や様式の上に育てられた絵画を指す。絹布や和紙などの上に、墨や岩絵の具などの顔料を使って筆やはけで描く。画面にはふすまや屏風、色紙などが用いられるほか、絵巻の形でも描かれ、そ

上村松園作「雪」

上村松園は明治生まれの女流日本画家で、日本で最初の女性文化勲章受賞者でもあります。私は彼女の描いた日本画（美人画）によって初めて、世界に誇れる日本画を知ったと思いました。

の大きさも形式もさまざまである。これに対して、油絵は「洋画」と呼ばれていた。

　広義では、江戸時代以前の物にも拡張して呼ぶこともある。その場合、中国に由来しながらも主題や様式において日本的特徴を持つ物を意味するのか、あるいは油彩技法が到来する以前に日本で制作された図画一般まで指すのか、定義があいまいなまま使われることも多い。

4. 漆器(しっき)

　漆器は、木や紙などに漆(うるし)を塗り重ねて作る工芸品で、東南アジア一帯で二千数百年前から使われてきた。ウルシの木の樹液を濃縮した塗料に顔料を混ぜたものを、竹や木や布の素材に塗って作る。漆はウルシノキ等から採取した樹液を加工した、ウルシオールを主成分とする天然樹脂塗料(てんねんじゅしとりょう)である。ウルシノキから樹液をとることを「漆掻き(うるしか)」「漆を掻く」という。現在では、国産の漆の生産量はごく僅かで、大半を中国から輸入している。製造工程は漆の精製から素地(素材が木の場合には「木地」)の加工、下地工程、塗り工程などに大きく分けられるが、細かな工程を挙げると30から40もあり複雑である。工程の違いにより、漆塗にもさまざまな種類がある。

　日本では仏教が伝来した6世紀に唐文化(とうぶんか)の影響を強く受け、漆器作りの技術が飛躍的に向上した。その後も家具や食器として生活の中で幅広く使われ、やがて美術工芸品としての漆器も作られるようになる。15～16世紀にはポルトガルやオランダとの貿易でヨーロッパに広く紹介されたため、漆器は英語で「ジャパン」と呼ば

れ、欧米では日本の特産品と考えられている。

　漆器の特長は湿気や熱に強く、耐久性に優れていることである。現在も輪島塗や会津塗などが作られている。

5. 浮世絵

　浮世絵は江戸時代（1603～1867）に発達した絵画で、その多くは版画として普及した。17世紀後半、菱川師宣が木版画を1枚の絵として独立させたのが初めとされている。当初は墨1色だったが、18世紀中ごろには多色刷りの技法が鈴木春信によって開発された。浮世絵の画題には美女や役者、力士など人物のほか、風景や庶民の生活状況なども使われた。中でも喜多川歌麿による美人画や東洲斎写楽による歌舞伎役者の絵、葛飾北斎の風景画などが有名である。また、浮世絵の画法はゴッホなどのフランス印象派に影響を与えたことでも知られている。

2世市川八百蔵1771年（明和8）ころ©古典版画東洲斎／画像提供

6. 陶磁器

　陶磁器は、土を練り固め焼いて作ったものの総称で、やきものである。セラミックの一種で、畿内より東では瀬戸物と呼ばれ、中国、四国以西では唐津物とも呼ばれる。焼き方や用途や生産地などから数多く分類される。岐阜県土岐市が生産量日本一である。土で器を作り、うわ薬を塗って焼いたものを陶器といい、光の透過性はない。一方、磁器は半透光性で、吸水性がない。また、陶磁器の中では最も硬く、軽く弾くと金属音がする。焼成温度や原料によって軟質磁器と硬質磁器に分けられる。

これらを総称して陶磁器という。日本の陶磁器は実用に使われるだけでなく、鑑賞用として芸術性の高い作品が多くある。華道や茶道において花器や茶碗など器そのものの鑑賞も重要視されてきたためそれが陶磁器のいっそうの発展に結び付いてきたのである。「瀬戸物」と呼ばれるのは有名な産地である愛知県瀬戸市の名前からきている。代表的な陶器には滋賀の信楽焼、岡山の備前焼があり、磁器では佐賀県の伊万里焼、石川の九谷焼が有名である。

陶磁器花瓶 銀彩マリンブルー・筒

7. 書道

書道または書とは、毛筆と墨で文字を書く芸術で、精神的な深みや美しさが表される。書くことで文字の美を表そうとする東洋の造形芸術である。中国が起源であるが、日本においては漢字から派生した仮名と漢字の組み合わせによる独自の書風が作られている。

文字ははじめ実用として生まれたが、文化の進展につれ美的に表現する方法が生まれた。書道とは、この文字の美的表現法を一定の技法のもとに学習しながら、実用として生活を美化し、また趣味として心を豊かにし、個性美を表現していくことである。そして、その学習過程において、人格を練磨し、情操を醇化していく。よって、書道は人間修養の一方法であり、古来、中国では六芸の一つとして尊崇されてきた。

主に毛筆と墨を使い、その特徴を生かして紙の上に文字を書く。その技法（書法）には、筆法、間架結構法、布置章法があり、それぞれに様々な方法が編み出され、書体や書風などによって使い分けられている。毛筆は墨を含ませれば、ペンと違って文字の太さや濃淡を自由に調整できる。そのため書く人の精神や観念が表現できるのである。書体は標準的な楷書のほか、やや崩した行書、さらに崩した草書などに分けることができる。

日本では昭和から大規模な書道展の開催により、書道が近代芸術としての地位

を確立したことから、その芸術作品としての創作方法も書の技法に加わった。これらの技法の習得には、色々な教育機関を通じて書家に師事し、古典を中心に学習し、書道展などに出品しながら技量を高めていくのが一般的である。年賀状などを除いては、ふだんはあまり毛筆で文字を書くことはないが、小学校の授業には書道が取り入れられている。日本の代表的な展覧会である日展の第五科(書)では、漢字、かな、篆刻、調和体の4領域が実施されている。

8. 日本人形

　日本には、埴輪や土偶など人の形をしたものは古代からあったが、いわゆる「人形」と呼ばれるものは、9世紀に出現している。しかし当初は信仰に関連したものが多く、玩具としての人形は、紙で作られた簡単なものしかなかった。美術的、工芸的な要素を持った人形は、人形浄瑠璃が出現した後、18世紀から作られ始めたとされている。その後は、茶を運ぶぜんまい仕掛けのからくり人形など複雑なものも現れ、ひな祭りが盛んになると豪華なひな人形も作られた。現在では郷土色豊かな人形が日本各地で生産されている。

　日本人形は、和服を着、日本髪を結った、日本の伝統的な風俗を写した人形の総称である。一般に日本人形という場合、「市松人形」や「衣裳人形」のことが多い。一般家庭等で置物として飾られる工芸品としての他、美術的価値の高い品もある。

　1927年(昭和二年)にアメリカ合衆国に市松人形が人形大使として贈られた際に、「日本人形」の説明が付けられた。

9. 七宝焼

　七宝焼とは伝統工芸のひとつで、「七宝」とは仏教で金、銀、珊瑚などの7種の宝物をさすが、金、銀、銅などの金属製の下地の上に釉薬を乗せたものを摂氏800度前後の高温で焼成することによって、融けた釉薬によるガラス様あるいはエナメル様の美しい彩色を施すもので、花や鳥などの模様を表し出す。たくさんの鉱物を材料にして作るため、七宝焼と呼ばれる。

　アクセサリーや皿などがよく作られる。8世紀ごろ、ペルシア、ヨーロッパ地域から中国経由で伝えられたが、いったんすたれた。その後、再び17世紀に朝鮮からその製法が伝わり、現在に至っている。手軽にできる手工芸の1つとしても人気がある。

　中近東で技法が生まれ、シルクロードを通って、中国に伝わり、さらに日本にも伝わった。日本最古のものは奈良県の藤ノ木古墳より出土したもので、また奈良市の正倉院には黄金瑠璃細背十二稜鏡が収蔵されている。

　ブローチやペンダントなどの比較的小さな装身具から巨大な壺まで、さまざまな作品が作られる。大きなものには専用の窯が必要になるが、小さなものなら家庭用の電気炉や、電子レンジを用いたセラミック製焼成炉でも作成できるため、趣味として楽しむ人も多い。

10. 屏風

屏風とは、部屋の仕切りや装飾に用いる家具のことである。風を防ぐため、あるいは仕切りや装飾のために室内で用いられる家具である。高さは5尺（約1.5メートル）、幅は2尺（約66センチ）を標準とするものを2枚から6枚ほどつなぎ合わせて波状に折り曲げ、倒れないように立てる。側面には紙が張られ、片面には金箔や銀箔を使って大和絵などが描かれている。朝鮮から贈られたという記録が最初で、平安時代（794～1185）には、宮廷貴族の間で用いられていた。その後、寺院でも使われるようになり、安土桃山時代（1573～1603）以降武士や庶民にも広まった。現代では結婚式などの儀式や茶道以外、日常生活ではあまり使用されない。

鳥獣花木図屏風

11. 酉の市の熊手

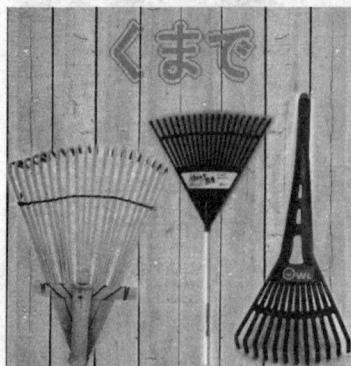

熊手は穀物や落ち葉をかき集めるための道具で、ふつうは竹でできている。熊の手のように爪が広がっているため「熊手」といわれ、現在でも一般に広く使われている。この熊手が昔、祭礼の日に神社の境内で売られることがあった。とりわけ、商売繁盛の神がまつられた神社で熊手がよく売れたことから「熊手で金儲けができる」といわれ始め

た。さらにそれが「熊手は金銀をかき集めて取り込む」と発展し、さまざまな飾り
が付けられ、縁起物の1つとして売られるようになったのである。毎年11月に神社
で行われる酉の市で、今でも縁起物として人気を集めている。

12. 根付

　根付とは、江戸時代に煙草入れ、矢立て、印籠、小型の革製鞄（お金、食べ物、筆記
用具、薬、煙草など小間物を入れた）などを紐で帯から吊るし持ち歩くときに用い
た留め具である。そのひもの先端に付けてある小さな彫刻のことを根付という。
大きさは数センチから、小さいものは1センチ位のものもある。材質は堅い木（黄
楊、一位、黒檀等）、珊瑚、めのう象牙などを使って人物、動物などを精巧に彫刻した
もので、現在では芸術品として高い評価を得ている。江戸初期のものは簡素なもの
が多いが、時代と共に実用性と共に装飾性も重視されるようになり、江戸時代中期
に入って爆発的に流行した。この頃になると細かい彫刻が施されるようになり、根
付自体が美術品として収集の対象となった。明治時代に入ると海外から高い評価
を得て主に輸出用に生産されるようになるが、この頃になると実用性を失い穴の空
いた小型の精緻な彫刻となってしまう。大正、昭和を経て一時衰退に向かうが、平
成に入って様々な分野から技術者・多種多様な素材が参入し、現代根付として再び
動きが活発になりつつある。

ブリキ金魚根付

第三節　伝統芸能

　　日本の伝統芸能は、日本固有の文化であり、明治期の西洋化以降も既存の形式を保持して存続し、現代芸術と相互に関連性が少ない形で併存しているのは事実である。また、日本では別々の時代に成立した多くの伝統芸能が並列的に存在しているが、すべての伝統芸能が現存しているのではない。ここで、歌舞伎、能、狂言、文楽、相撲、柔道、剣道を最も代表的な伝統芸能として、その歴史、特徴など紹介していきたい。

1. 歌舞伎

　　歌舞伎は、能・狂言・文楽と並んで、日本の四大伝統演劇の一つである。

　　歌舞伎は250年以上続いた江戸時代(1600～1868年)に生まれた。当時台頭した町人文化の好みが、歌舞伎の絢爛たる衣装や舞台、演目に反映されており、演目には伝説のヒーローもいれば、義理と人情の折り合いをつけようとする庶民も出てくる。

　　他の伝統演劇とは対照的に、歌舞伎は現在も大変人気があり、東京の歌舞伎座、京都の南座、大阪の松竹座などの劇場で、定期的に公演されている。

▶▶(1) 歴史

　　歌舞伎初期の演者は基本的には女性だった。歌舞伎は1603年、出雲大社の巫女だった阿国が、京都で最初に演じた舞踊と軽演劇に端を発すると考えられている。「かぶき」という言葉は、衝撃的、異端的、流行の、といったニュアンスがあり、人気のあった阿国の一座やその模倣者たちの演技を指して使われるようになっていった。しかし、女歌舞伎一座の演者は、遊女として売春も行っていたため、徳川幕府はこれ

を許さず、1629 年に禁令を出して女性が舞台に立つことを違法とした。その後、若衆歌舞伎が人気を博したが、1652 年にはこれも禁じられた。若い役者が売春行為を行って、公衆道徳の上で逆効果だったからである。

　女性も少年も舞台に立つことを禁じられたため、歌舞伎は成人男性役者の演劇となった。ただし、野郎歌舞伎の上演続行が許可されるに当たって、幕府は役者がみだらな表現を避け、狂言のような現実的な決まり事に従うよう求めたのである。

　法的に男性役者の出演が認められてからの1 世紀、歌舞伎には多くの進歩があった。女形の役割はどんどん洗練され、初代市川団十郎(1660 ~ 1704 年)が江戸で力強い男性的な荒事の演技様式を切り開く一方、初代坂田藤十郎(1647 ~ 1709 年)は上方(現在の京都・大阪地域)で繊細かつ写実的な和事の様式を発展させた。

　歌舞伎の舞台は能の舞台から徐々に発展していったものだが、引幕が加わり、より複雑な何幕もある芝居の上演に一役買った。観客の中を通る花道が広く用いられるようになり、現在標準となっている歌舞伎の華やかな入退場の場となった。また、回り舞台が最初に使われたのは1758 年である。

　18 世紀の町人文化の中で、歌舞伎は人形芝居である文楽と競ったり協調したりする関係を育てていった。近松門左衛門(1653 ~ 1724 年)は、1703 年以降は文楽の脚本に専念したが、歌舞伎のための脚本もいくつか書いており、日本最高の劇作家の一人と目されている。この頃の一時期、歌舞伎は上方では人気の上で文楽の陰に隠れていた。挽回を期すために、多くの文楽芝居が歌舞伎に取り入れられ、役者は人形の特徴的な動きさえ真似るようになった。

　歌舞伎は町人文化の一部となっていたが、1868 年の徳川幕府の崩壊で、その町人文化の基礎だった社会構造全体も、武士階級も消え去った。成功こそしなかったものの、西欧の衣装や理念を歌舞伎に取り入れようという試みもあった。しかし、九

43

代目市川団十郎(1838~1903年)や五代目尾上菊五郎(1844~1903年)などの主だった役者たちは、伝統的な歌舞伎の演目に回帰しようと強く主張した。20世紀になると、岡本綺堂(1872~1939年)や三島由紀夫(1925~70年)などの作家が、直接歌舞伎の世界とはかかわりがなかったにもかかわらず、新歌舞伎運動の一環としていくつか脚本を書く。これらの脚本は、伝統的形式と近代演劇からの新機軸を組み合わせたものだった。その一部は、伝統的な歌舞伎の演目に取り入れられている。

　歌舞伎は、芝居の上演においても、互いに密なつながりを保ちながら歌舞伎界を形作る役者一門のあり方においても、その伝統的ルーツに忠実な一方で、今日では日本の娯楽産業においても欠くことのできない力強い存在となっている。歌舞伎の花形役者は日本で非常によく知られたスターで、テレビや映画、演劇の伝統的・現代的役柄に頻繁に登場する。たとえば、有名な女形、五代目坂東玉三郎(1950年~)は歌舞伎以外の多数の演劇や映画でも演じており、ほとんどいつも女性役だが、何本かの映画監督もしている。1998年、片岡孝夫(1944年~)が大名跡である十五代目片岡仁左衛門を継いだ襲名披露は、日本ではマスコミに大きな話題として取り上げられた。

　戦後の全盛期をむかえた1960~1970年代には次々と新しい動きがおこる。特に明治以降、軽視されがちだった歌舞伎本来の様式が重要だという認識が広がった。昭和40年(1965年)に芸能としての歌舞伎が重要無形文化財に指定され(保持者として伝統歌舞伎保存会の構成員を総合認定)、国立劇場が開場し、復活狂言の通し上演などの興行が成功する。その後大阪には映画館を改装した大阪松竹座、福岡には博多座が開場し歌舞伎の興行はさらに充実さを増す。さらに、三代目市川猿之助は復活狂言を精力的に上演し、その中では一時は蔑まれたケレンの要素が復活された。猿之助はさらに演劇形式としての歌舞伎を模索し、スーパー歌舞伎というより大胆な演出を強調した歌舞伎を創り出した。また近年では、十八代目中村勘三郎によるコクーン歌舞伎、平成中村座の公演、四代目坂田藤十郎などによる関西歌舞伎の復興などが目を引く。また歌舞伎の演出にも蜷川幸雄や野田秀樹といった現代劇の演出家が迎えられるなど、新しいかたちの歌舞伎を模索する動きが盛んになっている現代の歌舞伎公演は、劇場設備などをとっても、江戸時代のそれと同じではない。長い伝統を持つ歌舞伎の演劇様式を核に据えながら、現代的な演劇として上演していく試みが続いている。このような公演活動を通じて、歌舞伎は現代に生

きる伝統芸能としての評価を得るに至っている。

　なお歌舞伎は、ユネスコ無形文化遺産保護条約の発効以前の2005年に「傑作の宣言」がなされ「人類の無形文化遺産の代表的な一覧表」に掲載され、世界無形遺産に登録されることが事実上確定していたが、2009年9月の第1回で正式登録された。

▶▶（2）歌舞の要素

① 演目

　歌舞伎の演目は、時代物・世話物・所作事という三つの分野に大きく分けられる。今日演じられている演目の約半数は、もともと文楽のために書かれたものである。

　時代物は、武士階級がかかわる同時代の出来事をしばしば取り上げるが、徳川幕府の検閲官との摩擦を避けるため、多少なりとも改変され、舞台も江戸以前の時代に移された。その一例が有名な演目である『仮名手本忠臣蔵』で、1701～03年の浪人47人の起こした仇討ち事件の物語だが、その舞台は室町時代（1333～1568年）初期に設定されている。

　世話物は、台詞も衣装も時代物より写実的だった。しばしば、起こったばかりのスキャンダルや殺人事件、心中事件を取り上げたので、新しく書き下ろされた世話物は、観客にとってほとんどニュース報道のように受け止められたかもしれない。後に登場した世話物の変型が生世話物（より生々しい世情劇）で、19世紀初めに人気を博した。これらの芝居は社会の底辺層の現実的な描写で知られたが、やがて扇情的傾向を増し、手の込んだ舞台仕掛けで暴力的・衝撃的なテーマを扱うことによって、飽きっぽい観客の歓心を買おうとした。

　『京鹿子娘道成寺』などの舞踊作品は、しばしばトップの女形の才能の見せ場として演じられている。

　所作事は、歌舞伎演目中の舞踊的な部分を指す。大きく舞踊そのものと舞踊的な演劇とに区分することができ、伴奏が、前者の場合には長唄、後者の場合には義太夫節・常磐津節・清元節などの浄瑠璃となる。ただし両者のあいだの明確な区分は不可能であり、なかには『娘道成寺』のように途中で地方（伴奏）が義太夫節から長唄に変る例もあり、境界線はきわめてあいまいである。なお浄瑠璃による所作事を

浄瑠璃所作事という。

　浄瑠璃所作事は本来、数段形式の歌舞伎の演目のうちの一段として作られたもので、その源流は丸本歌舞伎、さらに遡ると人形浄瑠璃にあることになる。現行の演目でいえば『仮名手本忠臣蔵』八段目「道行旅路の花嫁」や『義経千本桜』の「道行初音旅」などがこれにあたる。その後この形式が歌舞伎のなかで消化されてゆくにしたがって、演目全体がひとつの舞踊もしくは舞踊劇となるオリジナルな演目が創作されるようになった。『六歌仙容彩』や『弥生の花浅草祭』(三社祭)などがこれにあたる。また『積恋雪関扉』(関の扉)や『忍夜恋曲者』(将門)のように、従前の歌舞伎狂言における所作事が残されたものもある。

② 役者と役割

　歌舞伎は何よりも役者あっての舞台であり、芝居は第一に花形役者の才能を強調するためのものである。多くの歌舞伎ファンが芝居を好むのは疑いないところだが、ほとんどのフアンは役割や演目にかかわらず、品屑役者を見に劇場に足を運んでいるようである。

　それぞれの役者はいずれかの役者の家系に属し、各家系は役柄に対して決まった様式と演じ方を持っている。最も有名な歌舞伎役者の家系は、現在十二代目市川団十郎(1946 年～)が率いる一門である。市川団十郎の名跡を継ぐ役者は、先代たちの役柄の演じ方を身につけるだけでなく、自らの色を加えなければならない。他に重要な家系としては、七代目尾上菊五郎(1942 年～)一門や六代目中村歌右衛門(1917 年～)一門がある。

　歌舞伎で最もよく知られているのは、男優が女性役を演じる女形の存在ではないだろうか。女形の理想は女性を真似ることではなく、女性らしさの本質を象徴的に表現することである。近代において歌舞伎に女優を取り入れようという試みもあったが、失敗に終わった。女形は歌舞伎の伝統と不可分の存在なので、女優をもって代えようというのは全く思いもよらないことなのである。

　歌舞伎の演技の中心は、様式化した身振りや型の表現である。これには舞のように様式化された戦いの動き(殺陣)や、花道から舞台へ出入りする際の、特別な舞台入りの動き(丹前)と退場の動き(六方)などがある。しかし、歌舞伎の型で最も重要なのが見得であるのは間違いないだろう。場面が最高潮に達すると、役者は一連の様式化された動きの後で完全に静止し、固定した視線が特徴の独特のポーズを決

める。型は時代物ではかなり派手やかに取り入れられているが、世話物ではそうではない。時代物では能を思わせるような豪奢な錦の着物や、大きなかつらがよく使われる。女形の舞踊では、衣装の美しさに特に心を配る。

隈取

歌舞伎の有名なトレードマークの一つは、時代物で使われる「隈取り」という極端な化粧である。この仮面のようなスタイルは約100種類あり、用いる色やデザインが役柄の特徴的な側面を象徴している。赤は「善」を表わすことが多く、美徳や情熱、超人的な力の表現に用いられ、一方青は「悪」で、嫉妬や恐怖など否定的な特色を示す。

③ 音楽

歌舞伎で使われる最も重要な楽器は、何といっても三味線である。観客を前にした舞台で奏でられる音楽としては、長唄があり、また歌い手や語り手に一挺または複数の三味線、時には他の楽器の伴奏もつく語り物音楽も何種類かある。標準的な長唄の演奏は、複数の三味線奏者と唄方に太鼓と笛の奏者というアンサンブルで行われる。

舞台上の音楽のほか、舞台の袖でも唄方や三味線・笛、および様々な打楽器の奏者が種々のBGMや音響効果を出すのである。

また、歌舞伎に見られる特殊な効果音としては、拍子木を互いに打ち合わせたり、木の板を叩いたりして劇的な鋭い音を出すものがある。

2. 能

能は、鎌倉時代後期から室町時代初期に完成を見た、日本の舞台芸術の一種である。重要無形文化財かつユネスコ無形文化遺産である「能楽」の一分野であり、江戸時代以前には猿楽の能と呼ばれていたものである。

能とは元々能芸・芸能の意をもつ語であって、猿楽以外にもこれが用いられていたが、猿楽が盛んになるとともにほとんど猿楽の能の略称となり、明治維新後多く

の芸能は絶え、猿楽を能楽と呼称することが一般的となった。

　その起源は議論の分かれるところがあり正確な事はわかっていない。現在の能は中国伝来の舞、日本古来の田楽（でんがく）、延年などといった様々な芸能や行事の影響を受けて成立したものであると考えられている。現在は日本における代表的な伝統芸能として遇され、歌舞伎に並んで国際的に高い知名度を誇る。

▶▶（1）歴史

　14世紀初め、すでに何世紀もの歴史のある様々な演劇集団が、旅回りをしながら神社仏閣で、またあるいは祭りの際に上演し、しばしば貴族の後ろ盾（だて）も得ていた。猿楽というジャンルもこのような伝統芸能の一つである。その中で、優れた劇作家で役者でもあった観阿弥（かんあみ）（1333～84年）と息子の世阿弥（ぜあみ）（1363～1443年）が、猿楽を基本的に現在演じられている形式の能に進化させた。観阿弥は人気のあった芸能である曲舞の音楽と舞踊の要素を猿楽に取り入れ、室町将軍足利義満（あしかがよしみつ）（1358～1408年）に見出されて、その後援を受けるようになった。

　観阿弥の死後、世阿弥が観世一座の頭となる。義満の庇護は変わらなかったので、世阿弥は物真似および幽玄という、能の美の基本をさらに洗練させることができた。幽玄とは、謎めいた深みのある暗示的表現を意味する。世阿弥は、能の演目の中でも最も有名な作品をいくつか書いたほか、「風姿花伝」、「花鏡」などの芸論を著わして能の演技の規範を定めた。

　室町幕府の崩壊後、能は豊臣秀吉から手厚い保護を受け、17世紀には徳川幕府の「式楽」となった。この間、演技は世阿弥の時代より一層ゆったりとなり、荘厳さを増していく。

　徳川幕府崩壊後、明治時代(1868～1912年)になっても、能は初世梅若実などの能楽師の献身や上流階級の後援で生き延びたが、第二次世界大戦以降、能はその存続を全面的に公的支援に頼らなければならなくなってしまった。しかし現在も能は、少数ながらも熱心な常連客や、有料で謡・舞の指導を受ける相当数のアマチュアによって支えられている。近年では夜に篝火を焚いて屋外で演じる能(薪能)の人気が高まり、夏に神社仏閣・公園などで多数上演される。

▶▶(2) 能の上演要素

　能舞台はもともと屋外にあったが、現在では普通、舞台全体がより大きな建物に内包されるようになり、舞台そのものが芸術作品といえる。主舞台は6メートル四方で檜造り、堂々としたな神社風の屋根で覆われ、舞台への通路となる橋懸がある。主舞台の右手と奥は囃子方と地謡の座る場所である。奥の板に描かれた松の木が全演目で唯一の背景となり、舞台設定は舞方と地謡の言葉で規定されるようになっている。

　舞台奥には3～4人の囃子方が座って、笛、小鼓、大鼓、および必要なら床置きの大きな太鼓を演奏する。地謡の主な役割はシテの言葉や想いを謡うことで、舞台右手に座る。

▶▶(3) 面、職掌、装束、小道具

　能面は若い女や翁、鬼などいくつかのタイプに大別され、同じ役柄に使われる面の中でも、全体としてその役柄や演目をどう演じるかによって様々な尊厳の位がある。喜びも悲しみも、顔への影の差し方をほんのわずか変えるだけで、同じ面によって表現できるのである。

　通常はシテ(主役)だけが面を着けるが、一部の演目ではツレ(同伴者)も面をつけることがある。ワキ(脇役)とそのワキヅレ(同伴者)、子方(子役)は面をつけない。

能面とともに、能の大胆な図柄の贅沢な装束は、無駄を削ぎ落とした舞台や抑制された動きと鮮やかな対比をなしている。五枚重ねに見事な錦の表着というシテの装束は舞台上に荘厳な姿を描き出し、一部の演目では鮮やかな赤や白の鬘をつけて効果を高める。

シテやワキは身振りで多くを語るが、その演技力を強めてくれるのが様々な手持ちの小道具であり、中でも最も重要な小道具は扇(中啓)である。扇は短剣や柄杓などの品物や、招き寄せる・月を見るなどの動作を表わすのに使われる。

▶ ▶ (4) 公演と演目

伝統的な能の公演は、合間に三番か四番の狂言を挟んで、能を五番立てにしていたが、現在の公演は狂言を一番か二番、能を二番か三番ということが多くなっている。公演もそれぞれの曲目も序破急(導入・展開・急速な終幕)というドラマチックな構成を基本とし、一つの曲には普通、序の段1つ、破の段3つ、急の段1つがある。

能の演目は「翁」と、他の5種類に大別される曲目からなっている。「翁」は特別な場合にのみ上演される、演劇というより儀式的な舞であり、これ以外の曲目は、現在240ほどある。初番目は脇能で(神の曲)、シテがまず人間を、それから神を演じる。この曲目は、能の中でも動きが遅く、現在ではあまり演じられなくなっている。二番目は修羅物(武人の曲)である。この種類の曲ではほとんど、源平合戦で敗死した武士が現われ、僧侶に自らの魂の救いを嘆願する。鬘物(鬘をつける曲)は三番目となり、多くが恋に苦しむ平安時代(794~1185年)の美女についてのものである。四番目は最も大きなカテゴリーで、普通「雑能(種々の能)」と呼ばれるが、それは様々な題材の曲がここに含まれるからである。最後の五番目が鬼畜物(鬼の曲)です。この種類は全種の中で最も動きが速く、シテが一場では人間の姿で現われ、二場で鬼の姿を現わすことがしばしばある。

3. 狂言
きょう げん

▶▶（1）歴史

狂言は、8 世紀かそれ以前に中国から日本にもたらされた芸能で、その起源を持つと考えられている。この芸能は後に猿楽となり、14 世紀初めには、猿楽の座はシリアスな能を演じる者と、滑稽な狂言を演じる者とにはっきり分かれていた。狂言は能の一部として、明治維新(1868 年)まで上層武家の庇護を受けていたが、維新以降は、主に和泉流と大蔵流の一門によって生き続けている。現在専門の狂言師は、独立した公演としても、能の公演の一部としても演技をする。

▶▶（2）演技と演目

　狂言という言葉は、普通、能の合間に演じられる独立した喜劇を指すが、能の演目の中で狂言師の演技にも用いられる（間狂言とも言う）。能の中で見られる狂言には、能の一部に組み込まれている場合もあるが、狂言が能の前半と後半をつなぐ役割をする方が普通である。後者の場合、狂言師は単独で舞台に立ち、話の筋を説明する。これにより、能のシテは装束を替える時間ができるし、教育を受けていない封建時代の観客にも芝居をわかりやすいものにできたのである。

　現在、狂言には約260の独立した演目がある。最も一般的な分類では次のように分かれる。脇狂言、大名狂言、太郎冠者狂言、聟狂言、女狂言、鬼狂言、山伏狂言、出家狂言、座頭狂言、舞狂言、雑狂言である。雑狂言以外、最も多いのが太郎冠者狂言

である。太郎冠者は利口な庶民で、使用人という運命からは逃れられないものの、主人を出し抜いてちょっぴり溜飲を下げるのである。

狂言の衣装は能よりずっと簡素で、中世日本の実際の衣装に基づいている。狂言ではほとんど面を使わないが、面を使用する演目も50ほどあり、普通は動物や神、霊などの人間以外の登場人物である。能の登場人物が、面をつけるつけないにかかわらず表情を出さないのと対照的に、狂言師には喜劇的効果のための豊かな顔の表現が頼りである。

4. 文楽

文楽は、文楽人形で上演される人形芝居である。主として17~18世紀に発達したもので、歌舞伎・能・狂言と並ぶ日本の四大伝統演劇の一つである。文楽という言葉は文楽座から来ており、文楽座の始まりは、淡路仮屋の初世植村文楽軒が「西の浜の高津新地の席」という小屋を大坂高津橋南詰で建てて、興行したのが始まりとされる。

文楽は人形浄瑠璃とも呼ばれるが、この名称はその起源と本質を示している。浄瑠璃とは、三味線の伴奏に乗せてドラマチックな物語を語る語りものの様式の名前であり、それを人形を用いて表すのが人形浄瑠璃である。

本来は操り人形浄瑠璃専門の劇場の名である。しかし、現在は文楽といえば一般に日本の伝統芸能である人形劇の人形浄瑠璃を指す代名詞的存在である。1955年に（人形浄瑠璃文楽座の座員により演ぜられる）文楽が文化財保護法に基づく重要

無形文化財に指定された。また、ユネスコ無形文化遺産保護条約の発効以前の2003年に「傑作の宣言」がなされ「人類の無形文化遺産の代表的な一覧表」に掲載され、世界無形遺産に登録されることが事実上確定していたが、2009年9月の第1回登録で正式に登録された。

　歌舞伎とともに、文楽は江戸時代(1600～1868年)の活気に溢れた町人文化の一環として発展した。操り人形を使うが、子供向けのお芝居ではない。文楽で最も有名な演目の多くは、近松門左衛門(1653～1724年)の作品で、人形遣いの素晴らしい技術が、人形の役柄や物語を舞台上でいきいきと躍動させる。

▶▶（1）歴史

　すでに平安時代(794～1185年)には、傀儡回しという遍歴の人形遣いが日本中を旅して回り、家から家へと上演しながら施しを集めていた。このような形の大道芸は江戸時代も続き、人形遣いは首から提げた箱で作った舞台の上で、2本の手のある人形を操った。やがて、多数の傀儡回しが、現在の神戸近郊である西宮と淡路島に定住したと考えられている。16世紀になると、これらの人形遣いが京都に呼ばれ、公家や諸大名たちのために上演するようになった。語りや三味線の伴奏と組み合わされた人形芝居は、17世紀初めの江戸人気が高まった。18世紀を通じて、文楽は歌舞伎と競い合い、また協力し合う関係を育てていった。人形劇が浄瑠璃という芸能と結びついたのはこの頃である。第二次世界大戦後からは、近年人気が増しつつあるものの、文楽はその存続のためには政府の支援に頼らなければならなくなってしまった。現在では、文楽協会の後援で、東京の国立劇場と大阪の国立文楽劇場で定期公演が行われている。また、文楽上演のツアーは世界中の都市で熱烈に受け入れられている。

▶▶（2）人形と演技

　文楽人形は等身大の半分から3分の2の大きさで、木製の首・肩板・腰・両腕・両脚・衣装というパーツを組み立ててできている。首には目や口、眉を動かす仕掛け糸のついた胴串と呼ばれる握りをつける。この胴串を胴の真ん中の穴に差し込むのである。腕と脚は糸で肩から吊り、衣装は胴の上から着せる。胴には腰を形

作る竹の輪がついている。女の首は顔が動かないことが多く、また長い着物で完全に下半身を隠してしまうので、ほとんどは足をつける必要がない。

使われている人形の首は約70種類である。若い娘や屈強な若い男など様々な種類に分けられ、それぞれの首は多くの異なった役柄に使われるのが普通だが、最初に登場した役柄の名前で呼ばれることがよくある。

主遣いは人形の背中の衣装の分かれ目から左手を入れ、首の胴串を握る。右手は人形の右腕を動かす。大きな武士の人形は20キロほどもある。左腕は左遣いが、両脚は足遣いが操作する。足遣いは、音響効果のためや三味線のリズムにアクセントをつけるため、足を踏み鳴らしたりもする。女の人形では、足遣いは着物の裾を動かして脚が動いているように見せる。

近松の時代、人形は一人で遣った。三人遣いの人形は1734年まで登場しなかったのである。最初、人形遣いは舞台には姿を見せなかったが、『曽根崎心中』で、主遣いの辰松八郎兵衛が初めて観客に全て見える形で人形を遣った。

現在、人形遣いは全員舞台に現われる。普通は黒い衣と頭巾を身につけ、見えないことの象徴とする。しかし、文楽界の名士である主遣いは、しばしば頭巾なしで人形を使い、時には真っ白な絹の着物を着ることもある。

人形遣いと同様、大夫・三味線ももともとは観客から隠れていたが、1705年の新作で、竹本義太夫が観客の前で語り、1715年には大夫も三味線も現在見られるような舞台右手の一段高くなった床の上で演じるようになった。伝統的に、大夫は文楽の一座の中で最高の地位を保っている。語り手として、大夫は芝居の雰囲気を創り出し、また男の野太い声から女や子供の高い裏声まで、全ての役の声を出さねばならない。

三味線は単なる大夫の伴奏ではない。人形遣い・大夫・三味線は上演中お互いを見ないので、リズミカルな演奏で芝居のペースを創るのは三味線の仕事である。一部の大がかりな文楽や、歌舞伎から取り入れられた派手な演目では、複数の大夫・三味線のコンビや三味線の合奏が使われる。

5. 相撲

日本の国技である相撲は、日本人ばかりでなく近年は外国人の間にも人気を博し

ている。

　日本の相撲の歴史は古代にまでさかのぼることができ、相撲が文献に残された最初は『日本書紀』である。神話時代に神様同士が闘ったという伝説がある。相撲は単にスポーツとしてだけではなく、農業生活の吉凶を占い、神の心を伺う行事として行われてきた。6世紀頃からは見るスポーツとしても発展してきた。

　現在の相撲は、直径4.55 mの円形の土俵の中で力士2人が技を競う。力士は素手で腰に「まわし」を締めただけの裸体で登場する。2人は古式にのっとり、競技に入る前に左右の足を交互に上げ下げして準備運動をし、水で口をそそぎ、紙で体をぬぐい、清めの塩を土俵上にまく。2人は行司という審判の指図に従って、向かい合って相手の動作に合わせながら体を前かがみに低くし、両手をついて立ち上がる身構えをし、呼吸を整える。2人は呼吸の合った所で同時に立ち合い、押し合い、突き合い、組み合って闘う。土俵の中で足の裏以外の部分が土につくか、体の一部が土俵の外に出た方が負けになる。

　プロの相撲団体が一つあり、年に6回、1回15日間の興業（大相撲）を東京で3回、大阪・名古屋・福岡で各1回行っている。各回ごとに、勝率によって各力士の地位の入れ替えが行われる。

6. 柔道

　柔道の源は古代の武術にさかのぼるが、これを柔道と命名、明治時代初期にその基礎を確立したのは、当時東京大学の学生だった嘉納治五郎である。嘉納は柔道に関心を抱いて多くの流派を学んだが、これに教育意義を見いだし、1882年講道館を設立、柔道の研究、指導に励んだ。ここで古来の武術である柔道から近代柔道としての発展の基礎をつくったのである。

1951 年に国際柔道連盟が発足、日本は1952 年に加盟した。現在、国際柔道連盟には約 180 の国・地域が加盟、柔道人口は世界で500 万人とも言われる。1964 年の東京オリンピックからは五輪種目になったほか、女子柔道も普及し、世界柔道選手権など各種国際大会も行われている。柔道は単に勝負を競うのみでなく、これにより心身を錬磨するものである。20 世紀になってから男子の中等学校以上の教育にも取り入れられ、多いに普及した。

　柔道の規定によれば、試合者は柔道着を着用し、試合場は14.55 m 四方とし、その中央に9.1 m 四方の場内を設け、互いに組み合って技を競う。柔道の技は投げ技、固め技、当て身技の3 種類がある。力量は段と級で表され、最高は10 段で最低は初段、それ以下が級となる。1 級を最高に5 級まである。段と級は帯の色で区別し、10 と9 段は紅、8―6 段は紅白、5―初段が黒、1―3 級は茶、4 級―初心者は白色である。柔道は常に礼儀作法を重んじ、「礼に始まり礼に終る」という言葉は有名である。

7. 剣道

剣道は、日本の剣術を競技化した武道。
　古武道の剣術のうち江戸時代後期に発達した防具着用の竹刀稽古(撃剣)を直接の起源とする。江戸時代末期(幕末)には流派を超えて広く試合が行われるようになった。明治時代以降、大日本武徳会が試合規則を定め競技として成立した。複数の流派が集まって成立したため、柔道の嘉納治五郎のような特定の創始者は存在しない。太平洋戦争後に大日本武徳会は解散し、その後発足した全日本剣道連盟が事業を継承している。

　現代の剣道は事実上スポーツにも分類されるが、全日本剣道連盟は「剣道は剣道具を着用し竹刀を用いて一対一で打突しあう運動競技種目とみられますが、稽古を続けることによって心身を鍛錬し人間形成を目指す「武道」です。」としている。

豆知識：日本舞踊

　日本舞踊は歌舞伎舞踊から生まれ、現在120を越す日本舞踊の流派がある。代表的な流派として、西川流・藤間流・花柳流、坂東流などがある。どこの流派も、個人差はあるが、週1、2回の稽古で3年以上修業すれば、名取免許が取得できるほどに上達し、その後の努力しだいでは、師範の資格も得られる。現在の日本舞踊の起源には、諸説が色々あるが、一番有力なのが、今から約400年前に巫女たちがお守りを売る客寄せの為に始めた「念仏踊り」だと言われている。この中でもとりわけ評判になったのが、出雲の阿国と呼ばれる女性だ。阿国は歌舞伎の創始者としても有名だが、もともとは、歌舞伎と日本舞踊は同じものを指していたようだ。日本舞踊は男性社会の歌舞伎と違って多くの女性が活躍している。

【本章の質問】

1. 本章に挙げた日本の年中行事の中で、中国にはあるものとないものはそれぞれ何がありますか。また中国にはあるものとどう違いますか。

2. 茶事の目的及び茶道の精神について簡単に述べなさい。

3. 日本の華道における指導の基本となっている造形はどのようなものですか。

4. 歌舞伎の演目は三つの分野がありますが、それぞれの特徴は何でしょうか。

5. 「翁」は何の演目ですか。どんな特徴を持っていますか。

6. 狂言と能はどんな関連がありますか。

7. 相撲の第一、二、三位の優勝者はそれぞれ何と呼ばれますか。

第二章
服装文化

　和服は日本における民族服とされている。本章では、和服の発生と変遷、特徴、種類、及び男女それぞれの和服について述べていきたい。

1. 和服・着物・呉服の意味

　和服は、文字通り「和」の「服」、すなわち日本の衣服という意味である。この言葉は明治時代に、西洋の衣服すなわち「洋服」に対して日本の衣服を表す語として生まれた。後述するように「着物」という単語は本来衣服一般を意味するため、特に曖昧さを避けたい場面においては「和服」という語がよく用いられる。

　着物は、「キルモノ」(着る物)という意味であり、本来は単に「衣服」を意味する語である。実際、洋服が日本で普及する以前は、日本人は衣服一般を「着物」と呼んでいて、着物という言葉に日本文化と西洋文化を区別する意味はなかった。着物の歴史をさかのぼると、縄文時代の貫頭衣にまで辿り着く。飛鳥時代の唐文化の影響、平安時代の鮮やかな十二単、日本の歴史のなかで、着物文化は日本人と切り離すことができない。

　しかし明治時代以降、洋服を着る人が日本で増え始めたため、洋服と区別するために日本在来の衣服を和服と呼ぶようになっていった。現在一般的には、「着物」には二つの意味があり、一つめの意味は、和服である。「着物」と「和服」と「呉服」が同義語として使われることが多い。二つめの意味は、衣服である。裸の子どもに「着物を着なさい」というときの「着物」は衣服の意味だと解釈する人がいるが、そうではなく和服の意味だと解釈する人もいる。「着物を着なさい」の「着物」が衣服

と和服のどちらを指すのかは、世代・方言によって違う可能性がある。現在一般的に「きもの」と呼ばれているものは、和服の中の「長着〔ながぎ〕」にあたる。長着の仕立てには、裏の付いた袷〔あわせ〕仕立てと裏の付いてない単(ひとえ)仕立てに大別され、季節やTPOによって着分ける。

　呉服の語源は、中国が三国時代のときに呉の織物や着物の縫製方法が日本に伝わったことにあるとされる。元々は絹製品を呉服、綿製品は太物と称し、昔は扱う店も別であった。和服そのものを指す語としては「和服」「着物」に比べ使用頻度は低いが、和服を扱う店は「呉服屋」と呼ばれることが多い。

　日本で和服という言葉が生まれる明治時代よりもずっと前の16世紀の時点で、日本人が衣服のことを指して呼んだ着物が、現在で言う和服を表す語としてヨーロッパ人に知られるようになり、現在ではヨーロッパに限らず世界の多くの言語で日本で和服と呼んでいる物をKimonoと呼んでいる。Kimonoは、日本の和服だけではなく、東アジア圏全般で見られる前合わせ式の服全般を指すこともある。英語ではその後大規模な音韻変化が起こったため、Kimonoの発音が「キモノ」よりも「カモノ」「カイモノ」に近くなっている。

　日本の民族衣装である着物だが、洋服の一般化によって着用する機会が減少した。しかし最近ではアンティーク着物や和柄の流行により、若い世代にも人気である。これからの新たなきもの文化に昔ながらの伝統的な作法を織り交ぜ、今後も日本の美しいきもの文化は発展していくことだろう。

　着物の種類は「織り」と「染め」の二種類に分けられる。織りの着物とは初めに糸を染めておき、後から織り上げた着物のことをいう。染めの着物とは、白い生地を織り上げ、後から布地に模様を手描きしたり、色で染めたりする着物のことをいう。絣や紬などは織りの着物に分類され、振袖や訪問着などは染めの着物に分けられる。織りの着物は、表と裏が同じ繊維なので、表の色が薄れてきても、裏返しにするとまた新しい着物のように着ることができる。染めの着物の場合も、再び染め直すことで、また新しい着物として生まれ変わる。古くなってもすぐには捨てず、また新しく生まれ変わらせる。着物からは日本人の物を大切にする心が伝わってくる。

2. 発生と変遷

　現在の着物をさかのぼると、小袖、袙、朕などとなり、古代の衣服に近づいていく。着物型の衣服が成立したのは、だいたい奈良時代(8世紀)といわれる。着物は形の上では小袖と同じで、両者を区別することはむずかしい。小袖は平安末期(12世紀後半)までは男女の下着として着用されていたものであるが、鎌倉時代になると、しだいに上に着ていた衣服が省略されるようになり、表着として着用されるようになった。室町時代に入ると、それまで男女ともに着用されていたズボン式の袴が省略されるようになり、着流しが一般の風俗となった。したがって、この袴をとり去った着流しの小袖から実質的には着物と呼ぶことができる。しかし男子は外出時など、場合に応じては袴をつけて、二部式(ツーピース)の衣服を併用したが、女子の衣服は一部式の着物だけになった。このことは男女の社会的地位の違いによるもので、形の上では同じであるにもかかわらず、着物は性別を強調しながら、それぞれに発展していった。

3. 特徴

　和服は、腰の位置で帯を結ぶことによって長着を体に固定させる。腕の太さよりもずっと広い袖を持つ。長着や羽織では、袖のうち一部を縫ってあり、これにより袖口は袖丈よりも短くなり、袖に袋状の袂ができる。洋服の袖の特徴は、腕を細く包み、袖の中の空間的余裕が和服よりも少ないことである。洋服ではボタンや締め金を使って服の一部を固定するが、和服では帯や紐などで結ぶことによって固定する。和服に洋服のような開襟はない。和服の布地は、あまり伸び縮みしない。帯の材質は布であり、帯に皮革が使われることはない。和服を反物から制作する作業において、反物を切る線のほとんどが直線であり、布の端と平行か直角に切られる。一方洋服を作るために布を切るときは、曲線を多く使い、和服よりも複雑な形状となる。和服と洋服では、服を作るために布を裁断した後に発生する、使わずに余った布の量と形に、違いがあらわれる。和服を作るために布を切った後、使わない布

として余るのは、反物の端の長方形の部分を除けばごくわずかである。また、残った反物は長方形なので、別の目的に利用しやすい。洋服を作るために布を切った後に余る不要な布は、長方形でない布が多く、別の目的に利用しにくい。和服が縫いつけた糸を和服から後で取り除いて分解することを前提にして作られる。切れやすい糸を使って縫うことにより、縫った糸が布を引っ張って布を損傷する危険を減らす。和服を構成する各部の布を長持ちさせることができるが、衣服が身体を保護する力が低くなる欠点がある。

4. 体型を隠す和服

男性用・女性用とも、洋服を着たときは体型に沿うように服が立体的に体を覆うが、和服を着た場合は、体の輪郭線は肩と腰だけに表れ、他の部分の体の輪郭線はほぼ平面的に覆い隠される。女性用の洋服では、体の凹凸と輪郭線を立体的に強調するようなデザインや作りになっているものが少なくないが、一方で、女性用の和服では、体の凹凸が隠され、筒状の外形になるような作りになっている。女性用の洋服では、胸元を服で覆わないものもあるが、女性用の和服では、胸元は必ず覆われている。

なお、体型を隠すように直線的に和服を着るようになったのは昭和30年代(1955年)後半に入ってからのことである。和装ブラジャー、タオル等による体型の補正もその頃に生まれた。ちなみに、昭和30年代前半は、洋服の下着を身につけ、あえて体の線を強調して曲線的に着るのが良しとされ、それ以前は、それぞれの体形なりに着付けるのが良しとされていた。

5. 種類

現在の和服には、大人の女性用・大人の男性用・子供用がある。男性と女性の和服それぞれに、正装・普段着・その間の服がある。基本的に男女両用の和服はない。和服を構成する要素には、肌襦袢、長襦袢、長着、羽織、伊達締め、腰紐、帯、帯板、帯締、袴、足袋、草履、下駄などがあるが、省略できるものもある。豪華な模様を持

つものが多いのは、長着と帯である。

6. 女性用の和服

▶▶（1）正装

　現在の女性用の正装の和服の基本はワンピース型であるが、女性用の袴は女学生の和服の正装の一部とされる。明治・大正時代に、学校で日常的に着る服として多くの女学生が女性用の袴を好んで着用し、女学生の袴姿が流行したことが、定着した。そのため、現在でも卒業式などの学校の儀式で袴を正装の一部として着用する。現在は、黒留袖、色留袖、振袖、訪問着、喪服などがある。これらの特色は絵羽模様によって柄付けがなされていることである。絵羽模様とは小さなパターンが繰り返し染められている反復された模様ではなく、和服全体をキャンバスに見立てて絵を描いたような模様のことであり、脇や衽と前身頃の縫い目、背縫いなどの縫い目のところで模様がつながるようにあらかじめ染められている。これらは原則的に結婚式・叙勲などの儀式・茶会など格の高い席やおめでたい儀式で着用される。

① 黒留袖

　既婚女性の正装。生地は地模様の無い縮緬が黒い地色で染められており、背・後ろ袖・前胸に五つの紋（染め抜き日向紋）がある、柄付けは腰よりも下の位置にのみ置かれている。

　着物の格においては第一礼装になり、西洋のイヴニングドレスに相当するものである。結婚式などに既婚の親族女性が身につけることが多い。生地は濱縮緬や丹後縮緬などの地模様のない縮緬を用いる。

② 色留袖

　既婚女性の正装。上にも述べたが黒以外の地色で染められたものを指す。生地も縮緬だけではなく、同じ縮緬でも地模様を織り出したものや綸子を用いることもある。黒留袖は五つ紋であるが、色

留袖の場合五つ紋だけではなく三つ紋や一つ紋の場合もある。宮中行事では黒が・喪の色」とされており黒留袖は着用しない慣例になっているため、叙勲その他の行事で宮中に参内する場合、色留袖が正式とされている。黒留袖は民間の正装とされている。

③ 振袖

振袖とは袖の長い着物を言い、最も格式高い着物で、主に未婚女性用の絵羽模様がある正装である。正式には五つ紋をつけるが、現在ではほとんど紋を入れることはない。袖は最も長いものでおよそ3尺、くるぶしまで袖がある。華やかで若々しい柄のものが多く、成人式・結婚式(花嫁、出席)などに着用される。

袖の長さにより、大振袖、中振袖、小振袖があり、花嫁衣装などにみられる袖丈の長いものは大振袖である。近年、成人式などで着用される振袖は中振袖となっている場合が多い。絵羽模様に限らず小紋や無地振袖も多い。

振袖には手描友禅の技法で四季の草花や鳥獣、風景などが描かれている。さらに、金箔や刺繍を施したりと、品格を重んじた華美な柄付けになっている。

振袖が今のように未婚女性の着物となった事の1つに、江戸初期(約400年前)の踊り子の風俗が上げられる。これは、袖を振ると愛情を示す、袖に縋ると哀れみを請う、などといったもので、それを未婚の娘達が真似をして大流行したため、振袖は未婚女性の着物という習慣が出来上がったと言われる。また、袖を振るという仕草から、厄払い・清めの儀式に通じるとも考えられていた。結婚式や成人の日などに振袖を着用するのは、人生の門出に身を清めるという意味を持つようである。

このように昔から振袖は人との縁・魂を呼び寄せ、厄払い・お清めに通じると考えられていた。

④ 訪問着(ほうもんぎ)

　女性用(未婚、既婚の区別なし)の絵羽模様がある着物である。紋を入れる場合もある。生地は縮緬や綸子・朱子地などが用いられることが多いが、紬地(つむぎじ)で作られたものもある。しかし、紬(つむぎ)はあくまでも普段着であるため、訪問着であっても正式な席には着用できない。

⑤ 喪服(もふく)

　五つ紋付き黒無地(くろむじ)で、関東では羽二重(はぶたえ)、関西では一越(ひとこし)縮緬を使用することが多い。略喪服(りゃくもふく)と言って、鼠や茶・紺などの地味な地色に黒帯(くろおび)を合わせる喪服もある。略喪服(色喪服)は参列者および遠縁者(とおえんしゃ)など血縁の近さ遠さによって黒喪服を着るのが重い場合や、年回忌(ねんかいき)の折に着用する(通常三回忌以降は略喪服を着ることが多い)。

　古来は喪の礼装であるため、長着の下に留袖と同じく白い下着(重ね)を着ていたが、現在では礼装の軽装化と「喪が重なる」と忌むことなどもあり下着は用いられないのが一般的である。未婚、既婚、共に着用するものである。本来は白いものであった(現在でも白い喪服を用いる地方もある)が、明治以降黒＝礼装の色と定められたことと、洋装の黒＝喪という感覚の影響で現代では黒が一般的である。

⑥ 付け下げ(つけさげ)

　訪問着を簡略化したものであらかじめ切って裁断(さいだん)された上に柄を置く絵羽模様ではなく、予定の場所に前もって想定し柄が置かれた反物の状態で売られているもので、縫うと訪問着のような位置に柄が置かれるものである。一見訪問着と見まがうものもあるが、訪問着との大きな違いは柄の大きさや縫い目での繋がりの他、上半身の柄が衿までつながっていない点である。略式礼装にあたるため儀式などの

席には着用されることが少ないが、軽い柄付けの訪問着より古典柄の付け下げの方が格が上とされる。一般的な付け下げは儀式ではないパーティーなどで着用されることが多い。

▶▶（2）普段着の和服

普段着には小紋・紬・浴衣などがある。
① 小紋全体に細かい模様が入っていることが名称の由来であり、訪問着、付け下げ等が肩の方が上になるように模様付けされているのに対し、小紋は上下の方向に関係なく模様が入っている。そのため礼装、正装としての着用は出来ない。

染めの技法によって「紅型」「絞り」「更紗」など多種多様な小紋が存在する。主な技法として知られるのは「江戸小紋」「京小紋」「加賀小紋」である。
② 紬絹糸のうち本繭と呼ばれる楕円形の繭とは異なり、本繭よりも劣るとされる太くて節の多い玉繭から紡いだ手撚りの玉糸（節糸とも言う）やくず繭と呼ばれる変型した繭から紡いだ紬糸を機織りの緯線・経線の片方若しくは両方に用いて織った布をいい、手撚りした糸（紬糸）の太さは均一ではない。このため本繭から作る絹糸を用いた布の表面が絹特有の光沢を帯びるのに対し、紬は鈍い光沢を放ち表面に小さなこぶが生じ、独特の風合いをだす。耐久性に非常に優れ、数代にわたって着繋がれる。

紬は丈夫なことから古くから日常の衣料や野良着として用いられた。このことから材質が絹であっても正装に用いてはならないとされ、外出着若しくはお洒落着として用いられることが多い。しかし、近年では略礼装程度であれば用いる場合がある。

③ 浴衣。夏の夕方に肌の上に着る略装である。

　浴衣はもともと白地の木綿を藍で染抜くのが原則で柄も大胆なものが多かったが、近年では洋服のようなデザインが好まれつつあり、華やかな色合いと柄のものなども多くなっている。生地も浴衣本来の木綿ではなく、麻を混ぜたものやポリエステルなどを用いたものも多い。

　浴衣の多様化によってかつては一目瞭然であった浴衣以外の着物との境界は極めて曖昧になっており、柄によっては単の着物として着用できるものも現れている。近年、女性用ではミニスカートのように裾が膝より高いタイプも存在する。

　現代の日本の生活で浴衣が多く着用されるのは、主に花火・縁日・盆踊りなどの夏の行事である。日本舞踊や演劇などの稽古着として使用されることもある。

　日本独特の風習として旅館やホテルに寝巻きとして客用の浴衣が用意されているが、多くは簡略化されたものである。温泉宿やそれに類するホテル等では備え付けの浴衣を着用したままで館内施設を利用したり、外出したりすることは問題ない。しかし、一般的なシティホテル等では着用して室外に出ることは認められていない。

　和服のなかでは比較的安価であることから別誂えの反物を染めて歌舞伎役者などが贔屓への配りものとすることも多かったが、最近ではこうした風習も徐々に少なくなりつつある。角界にはまだかろうじて、関取が自分の名前の入った浴衣生地を贔屓筋や他の相撲部屋に贈るという風習が残っている。もちろん、自分の気に入った柄でオリジナルな浴衣を仕立てる力士もある。ちなみに関取か否かを問わず現役力士は浴衣が夏の正装であり、浴衣を着ずに外出してはならない規定がある。

7. 男性用の和服

▶▶（1）正装

　正装の和服には、五つ紋付、黒の羽二重地、アンサンブル、縦縞の仙台平などがある。紋が付いた服（紋付）を着用する場合、足袋の色は白にする。草履を履くときは畳表のものを履く。履物の鼻緒の色は、慶事のときは白、弔事のときは黒にする。小物の色も同様に、慶事のときは白、弔事のときは黒にする。正装の度合いについては、紋付、羽二重、お召、無地紬の順で格が下がる。羽織を着るべき場面か、着なくてもいい場面かの判断は、洋服の背広やジャケットの場合に類似する。なお、茶会では羽織は着用しない。

　現在の男性用の正装の和服を特徴づけるのは、長着、羽織、および袴である。アンサンブルは、和服の正式な用語としては、同じ布地で縫製した長着と羽織のセットを指す言葉だとされる。しかし、長着と羽織に違う布地を使って、男性用の正装の和服として長着と羽織をコーディネイトした服をセットで「アンサンブル」と称して販売されていることは多い。

▶▶（2）普段着の和服

　普段着の和服には色無地・浴衣・作務衣・甚平・丹前・法被などが含まれる。男性用の普段着の和服では、羽織は着なくてもよい。
① 色無地　柄のない黒以外の無地の着物のことをいう。

　家紋を入れることで訪問着などと同様に礼装として着ることもでき、家紋がなければ普段着として着ることができるうえ、黒の帯をすることで略式の喪服とすることも可能であるというTPOを選ばない便利な着物である。

また、薄いグレー地の九寸帯などをすれば、法事にも可能。

　関東地方においては「江戸小紋」という武士の裃(かみしも)に使われている柄も、これと同様の用途で用いることができるが、関西方面においては江戸小紋は色無地ではなく「小紋」の位置づけがなされている場合もある。

　茶道では万事派手を退け、道具の柄との喧嘩を避ける意味から、茶事では色無地着用が推奨される。

② 浴衣　生地は木綿地で通常の単物よりもやや隙間をあけて織った平織りのものが多い。特に夏場の湯上り、または寝巻きとしての用途が主である。日本舞踊などでは稽古着として使用される。家庭でも手軽に洗濯が可能であり、清潔を保ちやすいことも重宝される一因である。

　和服の中でも最も単純かつ基本的な構造である。また反物(たんもの)も比較的安価であることから、家庭科の授業で和裁の基礎を学ぶ際に、浴衣を縫うことが多い。

　本来は素肌の上に直接着るものである。近年は、お洒落着としての需要も多く、浴衣を着用して外出する場合もあるため下着を着用することが多くなった。浴衣仕様に軽量化されたり吸汗性に優れた肌襦袢(はだじゅばん)を併用する場合が多い。

　男子は三尺帯で着用することが通例とされていたが、着付けの簡略性もあり、兵児帯(こおび)を用いることもある。さらに最近では男子は角帯(かくおび)を用いることも多い。角帯は元来は浴衣には合わせないものとされていたが、この意識は薄れつつある。事実、服飾メーカーでは新作発表の際に浴衣と角帯の組み合わせを提案することも増えている。同時に、セット販売されることも珍しくない。

③ 作務衣　禅宗の僧侶が務め、日々の雑事(作務)(ぜんしゅう そうりょ)を行うときに着る衣。

　「作務衣」は本来、作務を行う時に着るもの全般をさし、特定の形が決まっているわけではなかった。僧侶が掃除や薪割り、畑仕事など寺院を維持するための労働を行う時に着用する。作業着であるため、正式の坐禅や法要(ざぜん ほうよう)の時には着用しない。

　現在のような形の作務衣があらわれた時期ははっきりしないが古くとも明治以前にさかのぼるものではなく、一説には昭和40年代に永平寺(えいへいじ)で用いられた

ものが最初であるとされる。原形は着物の上に着た上っ張りともんぺで、実際に当初のものは着物の袖を納めるために現在よりも上衣の袖が太かった。

④ 甚平　「甚兵衛羽織」の略で「甚兵衛という名の人が着ていたことから」という起源説もあるが、江戸末期に庶民が着た「袖無し羽織」が、「武家の用いた陣羽織（陣中で鎧・具足の上に着た上着）に形が似ていたことから」という説が強いとされる。古老によれば、筒袖となって普及したのは大正時代、大阪であったという。

　丈が短く、袖に袂がなくて衿と身頃につけた付け紐は、右を表左は裏側で結び、ふつうの和服のように右前に着る。そろいの半ズボンをはくのが今では一般的であるが、昭和40年頃までは、甚平といえば膝を覆うぐらい長い上衣のみであった。

　木綿あるいは麻製で、単衣仕立て。脇の両裾に馬乗りがある。短い半袖や七分袖の筒袖・平袖で、袖口が広め。衿は「棒衿」で衽はないのがふつう。付け紐で結ぶので帯を必要としない。袖も身頃も全体的にゆったりして、風通しが良い作りで、夏のホームウエアとして涼しく着られる。

⑤ 丹前　厚く綿を入れた防寒のための日本式の上着。褞袍ともいう。長着の一種である。

　当初は旗本に支える使用人の旗本奴たちの間で流行し、これが一般にも広まった。

　丹前はちょうど綿の入った広袖の羽織のような形をしており、前を紐で結んで着る。また襟と袖口が別布で覆ってある。布地は派手な縞柄のものが多く、これを丹前縞という。

　日本の東北地方では就寝時に掛け布団の内側にかけて使用する。2010年現在では丹前を作る職人はほとんどいない。

⑥ 法被　法被とは、日本の伝統衣装で、祭などの際に着用し、また、職人などが着用

する印半纏のことである。半被とも表記する。

　一般に、腰丈または膝丈の羽織の形式で、襟の折返しも胸紐もなく、筒袖または広袖の単純な形をしているのが特徴である。

　元々、武士が家紋を大きく染め抜いた法被を着用したのに始まり、それを職人や町火消なども着用するようになった。本来の法被は胸紐つきの単であるのに対し、半纏は袷（あわせ）であるが、江戸時代末期に区別がなくなった。襟から胸元にかけて縦に文字（襟文字）を入れることで着用している者の所属や名、意思を表したりすることができる。「大工留吉」「め組小頭」「いらっしゃいませ」など。

8. 着付け

　和服を着用させること、または和服を着用することを、着付けという。髪結いと着付けはセットで行なわれるが、髪結いは着付けの意味には含まれない。髪結いは着付けより前に行なうことも、後に行うこともある。着付けには、自分一人だけで行なう方法と、他者に手伝ってもらいながら行なう方法がある。着付けをする人を、着付師と呼ぶ。女性の和服の着付けは難しくはないが、手順があるので慣れが必要である。そのため着付けの本があり、着付けを教えるための学校が全国に多数存在する。着付けの学校では、和服一般の着付けを一般人に教える授業料と、着付けを手伝う手数料が、大きな収入源になっている。世界で、自国の民族衣裳の着用の仕方を教えるための学校が全国に多数存在し、かつ着付けを教える人に資格を与えるという国は日本だけである。ただし、これらの着付け教室や着付け学校が生まれたのは戦後のことである。

9. 和服は右前

　男性用でも女性用でも、和服を着る際、手を袖に通した後、右の衽を体につけてから左の衽をそれに重ねる。このことを、左よりも右を（空間的ではなく）時間的に前に体につけることから、右前という。右前のことを、右衽ともいう。男女共に右前なのは、洋服と異なる点である（なお、世界的に見れば洋服のように男女で打

ち合わせが異なるほうが特殊である）。死者を葬るときに死者に着せる和服は左前にする。左前のことを左衽ともいう。左前を生前に行なうことは非常に縁起が悪いことであるとされる。

10. 和服の普及率の衰退

20世紀から現在までの日本を全般的に見ると、和服の普及率が衰退していることは疑う余地がない。衰退の主な原因として、正装の和服が非常に高価であること、着付けに手間がかかること、活動性に欠けること、温度調節がしにくく、現代の日本、特に夏の気候には不向きであることなどがあげられる。

普段着の和服には、大量生産されて安価な物もあるが、それでも現在、日本で和服を普段着としている人は非常に少ない。

七五三や成人式のような人生の節目の儀式・催事のときに正装の和服を着用する人たちは今も少なくない。特に夏の花火大会で浴衣を着用する女性は多い。また、普段着の和服がカジュアルなファッションとして再注目されつつある。安価な古着の和服を専門に扱う呉服店も出てきている。業務用や子供用では着付けやすい、帯で隠れる部分を境に上半身と下半身部分に分かれたセパレート型の和服や浴衣も開発されている。

11. 現在も和服が主流の分野

個人の好みで着用するのではなく、職業・役割により現在も和服の着用が強く求められる場合がある。次にあげる場合は、職業・宗教により、正装または普段着として和服を着用することが主流となっている。

日本の仏教僧、神官・巫女など神道の聖職者、歌舞伎・日本舞踊・落語・雅楽・茶道・華道・詩吟等伝統芸能の従事者、芸者と舞妓、相撲の取組の行司・呼び出し・相撲の取組で物言いを行う審判員（勝負審判）、力士が相撲の取組以外の場で正装するときの衣服、仲居（仲居は日本旅館・温泉旅館・日本料理店などで料理を運ぶなどの接客サービスを行なう者）、将棋棋士（タイトル戦ほか重要な対局の際。

次にあげるスポーツでは、選手はそれぞれのスポーツの専用の和服を着る。剣道、柔道、空手道、合気道、弓道など。)などはそれである。

豆知識：友禅染と藍染

　友禅染とは江戸時代、元禄の頃、宮崎友禅斎が始めたといわれる型染めの技法で、京友禅、加賀友禅、江戸友禅などがある。日本の四季の風物の美しい移ろいを、紫、えんじ、藍などの彩りで絵模様にした、華やかな染めもので、小紋から留袖まで幅広く使われている。

　紺は昔から、男女を問わず衣服に用いられてきた。とくに江戸時代には、民衆のきものはほとんど藍染だったといっていいほどだ。色の美しさだけでなく、丈夫なこと、保温力が高いこと、解熱効果があることなどの実用性にもすぐれているのが藍染の特徴だ。

【本章の質問】

1. 着物の特徴と欠点について考えてください。
2. 黒留袖、色留袖、振袖と訪問着はそれぞれどんな人に向いていますか。
3. 現在、女性はどんな場合着物を着ますか。
4. 男性用の普段着の和服はどんな種類がありますか。

第三章

食文化

　2000年以上前、アジアからの水稲耕作伝来を機に、日本に米中心の食文化が根づいた。季節の野菜や魚介類と一緒に供される米飯の伝統は、江戸時代（1600～1868年）極めて洗練された形態に達し、今なお日本料理の根幹として生きている。しかし西洋社会への扉が再び開かれてからは、日本古来の料理以外にも、多くの外国料理が日本人の好みに合った形で、あるいはほぼ原型のままで取り入れられ、豊かでバラエティに富んだ食文化が生まれた。

　日本の食文化は、米を主食にして、豆・魚・海草・野菜などを取り入れた食事が特徴で、究極の長寿食として世界中の人々に注目されている。

　また、日本の四季と料理にも深い関係がある。とりわけ、その季節だけに採れる食材を「旬」のものとして調理する技術が発達し、季節ごとの料理を楽しむ。そして、日本料理は味だけではなく、見た目の美しさも要求される。それは、それぞれに意味を成した盛り付け、それを引き立てる食器など、「職人」によって作られた技術の集大成ということができる。

　本章では、日本料理の起源と特徴、日本に根付いた外国料理、現代の食卓の様子を紹介し、さらにいくつかの代表的な日本料理を挙げて、その特徴を述べていきたい。

第一節　日本料理

　日本の風土と社会の中で形成されてきた料理である。広義には日本人が食べてきた料理ということができるが、ことさらに日本料理という場合は、洋風、中国風などの料理に対して、〈日本特有の〉とか、〈伝統的な〉とかといった性格をもつものとしての呼称である。その狭義の日本料理は、世界的にみても、かなり特異な性格を持つものである。

1. 起源

　6世紀の仏教伝来以降、法律や詔勅により次第に鳥や獣を食べることが禁止され、ほとんど全ての肉食が排斥された。精進料理という菜食主義の料理は、後に禅宗によって広まる。醤油、味噌、豆腐、その他の大豆製品など、今日日本人が食べている多くの食材や調味料は、15世紀までにほぼ出揃っていた。同じ頃、手の込んだ正式な饗宴料理が生まれたが、これは朝廷貴族の料理に由来するものである。本膳と呼ばれるこの料理は、茶懐石、会席とともに日本料理の基本を成す三様式の一つに数えられる。

　茶懐石は、食材の新鮮さや季節感だけでなく、見た目の美しさに重きを置くことで、本膳の形式を、禅の精神と質素さとに結びつけた。一方、会席は19世紀初めに現在の形に整えられ、今日では、料亭という一流の日本食レストランや伝統的な日本旅館で供されている。新鮮な季節の食材や美しい盛りつけという初期の伝統を保っているが、作法の決め事は少なく、他の料理に比べてくつろいだ雰囲気が特長である。食事中にお酒が出されるが、一般に日本人はお酒を飲みながら主食を食べることをしないため、主食である米飯は最後に出される。食事は食前酒に始まり、刺身・吸い物・焼き物・蒸し物・煮物・和え物と順に続き、その後に味噌汁・漬け

物・ご飯・和菓子・果物が出される。最後はお茶で締めくくる。会席で供される料理の種類や順番が現代の和食のフルコースの基本となっている。

　今日、多くの人に親しまれている寿司は19世紀初めに江戸（現在の東京）で生まれたもので、当時軽食であった寿司の屋台が今日の寿司屋の起源である酢飯に生魚や貝をのせたり組み合わせて作る料理である。

2. 特徴

　日本料理を特異なものとした第一の要因は、日本の食生活が米食中心主義であったことに由来する。日本人のほとんどが米食できるようになったのは、たかだか第2次大戦後のことでしかない。しかし、有史以来日本の政治は稲作を中心として行われ、少なくとも支配層と都市民の食生活は米飯を主食とするものだった。主食に対する副食という概念は、必ずしも日本だけのものではないが、日本の〈おかず〉はきわめて特異なものであった。カロリー、栄養ともに主食の米飯に依存した結果、おかずは米の飯を食べるための食欲刺激剤的なものとして成立し、そのまま日本料理の中核をなすものとなった。室町時代までの貴族や武士たちは、高盛飯を高杯の中央に据え、周りに小さな土器などをいくつもならべ、それにおかずを入れて食事をした。〈おかず〉とは、副食物が数々とり合わされたものの総称であり、〈おめぐり〉〈おまわり〉と呼ぶところがあるのは、周囲に並べたことのなごりである。主に魚貝類の干物、塩蔵品、塩辛といったものがほとんどで、真ん中の高盛飯を酒に置き換えると、そのまま酒肴になるものだった。日本料理は、おかずが進化、洗練されたものといえる。

　第二の要因としては、獣肉と油脂の使用がきわめて少なく、乳および乳製品の使用にいたっては皆無であったことが挙げられる。獣肉食が忌避され、食用のための牧畜が行われなかった結果、動物タンパク質は主として魚貝類に求められた。ヨーロッパでは長期間肉を貯蔵し、かつ、それを可能な限り美味に食べることが料理を発達させた最大の原因であり、それによって香辛料の利用も進歩した。中国の場合もそれに近かった。ところが、日本では事情が違った。魚貝類は肉類と違って腐敗が速い。そのため平安時代以来、地方から中央へ送られてくる魚貝類はほとんど干物その他の加工品だったし、生鮮品は油を使わぬこともあったが、米飯のおかずと

75

しては生食その他あまり手をかけぬものが好適でもあった。こうして素材主義とでもいうべき傾向を生じ、それと表裏をなして、美しく切る包丁さばきと美しく盛りつけることが重視され、それ以上に手を加えるのは二義的なことと考える伝統が生まれ、新しい味覚の開発は放棄される形となった。油脂の使用が少なかったのは、近世にいたるまで油料作物の栽培が少なく、生産された油が灯火用などで消費され、食用にまで回らなかったことが最大の理由である。平安時代には油で揚げる唐菓子が盛んにつくられていた。それが南北朝期には名だけ伝わり実態はすでに不明だったほどで、調理における油の使用は定着していなかった。油脂と肉類なしに、塩だけで野菜の煮物や汁に味をつけてもうまいものにはならない。そこで考え出されたのが、だしであった。だしを用いて塩味に奥行きをもたせることによって、植物性の材料は初めてうまく食べられるものになる。つまり、だしは油脂不足の弱点を補うためのものであったが、同時に油脂の多用による味の平均化を防ぐことになり、材料の持味を生かすことを特徴とする日本料理に大きな役割を占めることになった。

第二節　日本に根付いた外国料理

16世紀後半、ヨーロッパの宣教師たちの来日によって、日本は初めて本格的に西洋と直接的に接触することとなった。この頃、鳥や獣の肉を油で揚げるスペイン・ポルトガルの料理法と、野菜を油で調理する中国の料理法を組み合わせて、魚介類や色々な野菜に衣をつけて揚げる料理が登場した。これが人気の日本食、天ぷらに発展した。

19世紀半ば、鎖国が終わると、新しい調理法や食習慣が多く日本に入ってきた。中でも肉食は最も画期的なものといえる。牛肉、野菜、豆腐などを醤油、味醂、砂糖のたれで味をつけ、卓上で調理するすき焼きは、今では和食と思われているが、元々は「西洋風」飲食店で出されていた。この頃生まれたもう一つの人気料理がトンカツで、これは豚肉にパン粉をまぶして油で揚げたものである。また、20世紀初め、

インドのカレー粉を使って生まれた料理が英国経由で日本に入り、日本風カレーライスとして大変な人気を博した。これは野菜や肉、または魚介類の入った濃厚なカレーソースをご飯にかけたものである。

第三節　現代の食卓

　現在、一部の辺境地域をのぞき、日本のあらゆる地域にスーパーマーケットやその他の食品店があり、バラエティ豊かな食材が店頭に並んでいる。家庭の日常の食卓にも、色々な国から来た様々な料理を見ることができる。その一方で本来の日本食は今も健在で、家庭の「日本食」にはご飯・味噌汁・漬け物が欠かせない。この3品のほかに野菜料理・豆腐・焼き魚・刺身、それに様々に調理された牛肉・豚肉・鶏肉などが出される。料理の種類は、地方や季節、家庭の好みによって大きく異なる。

　和食に代わる人気料理としては、中華風の肉や野菜の妙め物、韓国風の焼き肉などがある。アメリカ風、フランス風、イタリア風、その他エスニック料理もある。子供にはスパゲッティやハンバーガー、先に述べたカレーライスが特に人気がある。

　この数十年に日本の食習慣に大きな変化がもたらされた。現在でも自宅で夕飯をつくる家庭が主流とはいえ、家庭外で調理された食事が家庭料理に置きかわりつつある。市街地では以前から、寿司や中国風・和風の麺類、和食の弁当の宅配（出前）があったが、今ではピザその他の様々な料理も宅配で注文できる。さらに、スーパーマーケットでも寿司や天ぷら、フライドチキンなど多くの調理済み食品を買うことができ、また、一部地域を除き全国どこにでもあるコンビニのおかげで、ほとんど誰でも調理済みの弁当等の食事を買えるようになった。

第四節　代表的な日本料理

1. 刺身 (さしみ)

　　刺身は、新鮮な魚の切り身を生で食べるシンプルな料理である。生の魚を適当な大きさに切り、醤油をつけて食べる。一般的に関東地方では「お刺身」関西地方では「お作り」と言われ、関東地方ではマグロなどの赤身(あかみ)の魚が好まれ、関西地方では鯛(たい)などの白身(しろみ)の魚が好まれる傾向がある。四方を海に囲まれた島国の日本だからこそ、新鮮な魚が手に入りやすく、刺身の文化が発達したと考えられる。鳥や牛・馬などの新鮮な肉を刺身として食べる場合もある。

2. 寿司 (すし)

　　もともとは腐敗(ふはい)を防ぐための魚の漬物(つけもの)のことだったが、江戸時代(1603~1867)に酢(す)を使うようになり、ご飯を一緒にして食べるようになった。しかし江戸(今の東京)では江戸湾で取れた新鮮な魚の生の切身をのせ、手で握ってすしを作った。これが「江戸前ずし」で、現在世界中で日本のすしといっ

78

ているものはこのことである。寿司には、酢飯の上に具材をのせて握った<ruby>握<rt>にぎ</rt></ruby>りにぎり寿司の他に、ちらし寿司や<ruby>押<rt>お</rt></ruby>し寿司、<ruby>巻<rt>ま</rt></ruby>き<ruby>寿司<rt>す し</rt></ruby>など色々な種類がある。昔は祝いの席などのおめでたい時に食べる高級な食べ物だったが、最近では値段が手頃な<ruby>回転寿司<rt>かい てん ず し</rt></ruby>店の出現により、日常的に寿司を食べる事ができるようになった。

3. <ruby>天麩羅<rt>てん ぷ ら</rt></ruby>

　魚や貝、野菜などに小麦粉を水で溶いた<ruby>衣<rt>ころも</rt></ruby>を付けて、熱した植物油の中に入れて揚げ、専用のつゆにつけて食べる。もともと関東地方では東京湾でとれた新鮮な魚を天ぷらに、一方関西地方（特に京都）では新鮮な魚が入手しにくかったので野菜や山菜を天ぷらにして食べていた。食材の旨みをサクサクとした衣で包み込んだ天ぷらは、世界中の人々に好まれている日本料理の一つである。材料もバラエティーに富み、店でも家庭でも、その場で作りながら食べる方法が最もおいしく食べられる。天ぷら丼（天丼）は庶民的な人気メニューである。

4. <ruby>すき焼<rt>や</rt></ruby>き

　肉を使った現代日本の料理の一つである。日本人は仏教の教えにより伝統的に<ruby>獣肉食<rt>じゅうにくしょく</rt></ruby>を<ruby>嫌悪<rt>けん お</rt></ruby>する習慣があった。しかし、明治時代（1868～1912）に西洋料理が日本に入って肉を食べることがタブーではなくなり、このすき焼きも盛んになった。すき焼きは肉に砂糖と醤油の<ruby>甘辛<rt>あま から</rt></ruby>の味がバランスよく調和した日本独特の肉料理である。一

般的にネギや豆腐・白滝(しらたき)などの具が用いられ、生の溶き卵をつけて食べる。関西地方と関東地方では若干調理法が異なる。寿司や天ぷらと並んで代表的な日本料理として世界中に知られている。

5. おにぎり

おにぎりは日本でとてもポピュラーな食べ物である。「おむすび」や「握り飯」とも呼ばれ、お弁当などによく用いられる。炊き立ての熱いご飯の中に好みの具を入れ、中はふんわり、外はしっかりと握って作る。形や大きさは様々である。おにぎりは冷たくなってからもおいしく食べられるが、具には腐らないように塩気の多いものを使う。

6. 味噌汁(みそしる)

みそ汁はご飯とともに日本の食卓に欠かせない料理である。日本人は長い間みそ汁を食べてきた。食生活がまだ貧しかった頃、質素な食事でありながら人々が健康でいられたのは、ご飯とみそ汁のおかげだといわれている。味噌そのものに栄養があり、具を煮た煮汁ごと食べるため、その具の栄養も一緒に摂れるすぐれた健康食である。だし汁に野菜(やさい)・豆腐(とうふ)・海藻(かいそう)・貝(かい)など季節の旬(しゅん)の食材やその地方の特産物を入れて煮、その中に味噌を溶かした汁物がみそ汁である。特に寒い朝は、あたたかいみそ汁をすすると気持ちがなごみ、体の心から活力が沸いてくるような気がする。「おみおつけ」と呼ぶこともある。

7. 懐石料理

　懐石とは、禅僧が懐を温めるために抱いた熱い石のこと。小さな石では十分体を温めることができないように、この料理も量が少なくて十分に空腹を満たすことはできない。主に茶の湯（茶道）で、茶を出す前に供される簡単な食事のことである。茶道は仏教の禅の精神を基本としているため簡素を旨としている。茶道の創始者である千利休が安土・桃山時代に茶道を確立していく中で、茶を美味しくいただくために創られた。従ってこの料理も、基本的には獣肉を排し、菜食が中心となっている。しかし、料理屋で出す懐石料理は仏教精神とは離れ、簡素よりもその味を競うことに終始しているようである。懐石料理の作法は、茶道の各流派によって厳しく決められている。

8. 雑煮

　雑煮は、餅や野菜を入れた汁で、新年を祝うために正月には欠かせない料理の1つである。沖縄を除く日本各地で雑煮を食べる風習がある。餅の形やだし、具の種類にいたるまで、地方や家庭ごとに千差万別である。関東地方の雑煮は四角い餅を入れたすまし汁仕立て、関西地方の雑煮は丸い餅を入れた味噌仕立てというのが一般的だが、味付けや中に入れる具は、その地方や家庭によって違う。ほかに魚や鶏肉を入れたり、地方の特産物を入れたりすると、郷土色が色濃く出るのが雑煮の特徴である。

9. おせち料理

おせち料理は、正月三が日に食べる特別な料理である。漆塗りの重箱には、口取り、焼き物、煮物、酢の物などが色とりどりに盛りつけられる。「おせち」とは本来、暦上の節句のことを指す。その際に食べる料理をおせち料理と呼んだため、現在では節句の一番目にあたる正月の料理を表す言葉として使われている。おせち料理は「めでたさを重ねる」という意味で縁起をかつぎ、重箱に詰めて出される。

見た目が豪華である上、長持ちするのが特徴で、三が日くらいは主婦の家事が軽減されるようにという配慮もあって、現在のおせち料理ができあがったようである。地方によって多少の違いはあるが、おせちの中身はだいたい決まっている。そして鯛は「めでたい」、数の子は「子孫繁栄」、昆布巻は「よろこぶ」といったように、中身にはそれぞれ願いが込められているのである。

10. 漬物

漬物は、乾燥法と並んで人類最古の食品加工法で作ったもので、塩や酢、味噌などに野菜を漬け込んだものである。手軽に野菜の栄養分を摂れるご飯のお供として、日本の食卓には欠かせない。おもにキュウリや白菜、ナスなどの野菜が対象になるが、塩を混ぜる方法とぬかにつける方法がある。ぬかは米を精製するときに出る米の外側の粉で、ビタミンB1が多く含まれている。自宅でも漬けることができ、生の野菜以上に野菜の栄養を摂ることができる。全国

で製造されており、各地のお土産としても人気がある。有名なものに、たくあん・福神漬(ふくじんづけ)・らっきょう漬などがある。

11. 梅干(うめぼし)

　梅干とは梅の果実を塩漬けにした後に乾燥させ、シソの葉と一緒に梅酢に漬け込んだものである。色は赤、柔らかい大粒のものからカリカリとした小粒ものまで種類は様々である。味は酸っぱく、ご飯のお供として日本の食卓に多く登場する。酸っぱみが強く味覚を刺激して唾液を多く分泌させるため、食糧事情の悪かった時期は、便利な保存食品として人気があった。これさえ一粒あれば、ご飯とともに十分おいしく一食分を食べることができる。今でもおむすびや弁当には欠かせない日本人の基本食品である。梅干には殺菌作用がある為、長時間持ち歩くお弁当に入れることによって食中毒を防ぐ効果がある。そして梅干には天然のクエン酸が多量に含まれているため、毎日食べる事によって疲労回復や老化防止など健康面でも非常に効果的である。また、お酒を飲みすぎたときには梅干入りの番茶をたっぷり飲むとよく効くと言われている。

　紀州(和歌山県)の梅干は全国的に有名である。

12. 海苔(のり)

　のりは海草の一種で、岩に苔状に付着したものである。江戸時代(1603～1867)以降、のりを紙状に薄く作る技術が開発されてから一般化した。すしやおむすびやふりかけなど日本の食卓には欠かせぬ材料で、料理するときは火にあぶってから使う。細かく刻んだり、小さく切

ったりしていろいろな料理の材料として使われている。あぶった後、醤油をつけてご飯と共に食べることもできる。パリパリとした食感と海藻の風味が特徴である。主に、日本の太平洋側・瀬戸内地方・九州地方で養殖されていて、年間約一億枚もの海苔が生産されている。

13. 丼（どんぶり）

　ふつうご飯は小さな茶碗に盛り、おかずはほかの皿などに盛られて食卓に出されるが、丼物（どんぶりもの）は茶碗より大きな丼にご飯を入れ、上にさまざまな具をのせたもので、これ一つで食事を済ますことができる。代表的な具は、天ぷら、とんかつ、うなぎ、鶏肉、卵、まぐろ刺身などである。都会では最近丼物専門店が多くなり、メニューも豊富である。牛肉を調理して丼物にした「牛丼（ぎゅうどん）」の店は、アメリカやヨーロッパにも進出している。

14. 鍋料理（なべりょうり）

　日本文化は「和の文化」ともいわれ、仲間同士の和を大切にする。その和を確認するために仲間が集まって酒を飲み、食事をするのはその文化の型の一つだが、そんな集まりに鍋料理は適している。主に土鍋の中に汁と具を入れて温め、それを囲んで4～5人が適当に鍋の中から具と汁を自分の食器に取って食べる。仲間意識が持て、話もはずむ。具（ぐ）も汁（しる）もさまざまな種類があり、家庭の数と同じだけ味や作り方の種類があ

るとさえいえる。代表的な具としては魚、貝類、季節の野菜、肉類などで、汁は味噌や醤油などで味付けされる。

15. おでん

おでん（御田）は、煮物料理の一種である。鍋料理にも分類される。出汁を醤油等で味付けしたつゆに、魚のすり身や豆腐を元にしたさまざまなおでん種、大根、竹輪、コンニャク、ゆで卵など様々な具材を入れて煮込んだ料理である。具材の種類は地域や家庭によって異なる。

おでんのルーツは田楽で、田楽が初めて文献に登場したのは室町時代で、それ以前から食べられていたようである。

近年、おでんはコンビニで買える手軽なファストフードでもあり、懐かしいおふくろの味でもあり、心を暖めてくれるお酒のつまみでもある。

16. 日本酒

米と水で作った醸造酒で、日本古来のアルコール飲料である。アルコール濃度は15％程度で比較的飲みやすい。温めて飲むと、冬には体が温まる。良い酒は、冷やして飲むと上質のワインと似た味がする。そのためヨーロッパのワイン品評会に出品され、賞を獲得する酒もあ

る。大量生産して全国販売している酒もあるが、各地にその土地の酒造工場があり、米や水の質、あるいは醸造法の違いによってそれぞれ独特の味を作り出している。これを「地酒(じざけ)」といい、最近の日本酒ブームの主役となっている。

豆知識:伝統的な梅干の漬け方

1. あく抜きをする

　梅の実をきれいに洗い、米のとぎ汁か水をたっぷり入れたボールに一晩浸して、苦味や渋みの元である「あく」を抜く。そして清潔な乾いたふきんで、水気を十分にふき取る。

2. 塩漬け

　梅の実に塩をまんべんなくまぶしておく。その後陶製の瓶または漬物用のポリ容器の底に塩を敷く。その上に梅を並べ、さらにその上にまた塩を少し振り、2段3段と交互に重ねて、最上段は多めの塩で覆う。この時、梅は隙間なく詰めていくことがポイントである。

3. 漬け込む

　梅の上に清潔で乾いた落し蓋を落とし、その上から漬けた梅の2~3倍の重さの重石(おもし)をのせる。この時、落し蓋や重石が斜めにならないように注意する。そして、ごみや虫が入らないように、その上から透明なビニールや紙で覆い、風通しが良く日のあたらない冷暗所に約一週間ほど置く。そうすると梅から酸味の強い梅酢が染み出てくる。梅酢は梅が浸るくらいの量を残し、余分なものを捨てる。赤ジソを一枚ずつ梅の上に広げ、約一ヶ月漬け込む。この時、重石は半分の重さに減らす。

4. 干す

　梅を干す際には晴天の続きそうな日を選ぶ。はじめの三日間、太陽の日差しの下、梅をざるに広げて干し、夜は梅酢に戻す。次の三日間は、夜、梅を広げて夜露に当て、昼間は梅酢に漬けておく。梅酢にくぐらせた梅を清潔な保存瓶にきっちりと詰め、蓋をして完成する。

　漬け始める時期は梅干用の梅が市場に出回り、6月の中旬頃がよいとされている。そうするとちょうど太陽の日ざしがもっとも強く、天候が安定している土用(7月20日頃)に合わせて干すことができる。

【本章の質問】

1. 日本料理の特徴について箇条書きにまとめてください。

2. 懐石料理とおせち料理の命名について簡単に説明してください。

3. お寿司はどんな種類がありますか。

4. 代表的な日本料理をいくつか挙げてください。

第四章

住文化

　日本の住宅は、平安時代は寝殿造り、室町時代からは書院造り、桃山・江戸時代は数寄屋造りというように時代とともに様式を変えてきた。その間に、建具・建材も日本で独自に作られたものや、海外から流入し日本で独自に発展したものなど様々なものが作り出された。戦後、住宅の洋風化が進み、これらの建具・建材もその影響を受けたが、現在でも和風住宅はもちろん洋風住宅に組み込まれ使用されている。それは、先人の知恵によって作り出されたこれらの道具が日本の気候に非常に適していたり、自然素材ということで健康を害さないなど多くのメリットをもつからである。

　本章では日本の住文化について述べる。主に日本の家屋、建築、庭園を中心に、その歴史や特徴などを述べたい。

第一節　日本の家屋

　日本の伝統的な家屋は基本的には木と紙で作られていて、室内は地上30センチ～40センチほど高く、板張りの床の上に畳が敷いてあり、仕切りにはふすまや障子が使われている。これらは木枠に紙を張ったものである。高温多湿の夏季に適した構造を持っている。家の内と外は厳しく分けられ、靴をはいたまま室内に入ることは決してできない。

　1960 年代までは、鉄筋コンクリート建ての高層住宅はごく限られた地域にしかなかった。しかし、人口の都市集中と、狭い土地を活用するためには団地という高層住宅群を作らざるをえなくなり、現在では民間のものも含めた高層住宅が全国各地に見られる。木造住宅と違い、高層住宅は密閉されているため、夏は冷房が必須の設備となった。室内の構造も畳の部屋と洋室とが半々になり、畳の部屋が少なくなるとともに、日本の伝統的な習慣もすたれつつある。

1. 玄関

　玄関とは、建物の主要な出入口のことである。
　本来、中国の道教、禅などの用語で「玄関」とは「玄妙の道に入る關門」のことである。
　日本では書院造、禅寺の客殿や方丈などへの出入り口として造られたものである。住居用に書院造の普及し始めた江戸時代以降に住宅に玄関が設けられたとされている。
　日本では玄関でほぼ必ず靴を脱ぐ。中国や欧米では脱がない習慣が広くみられるが、しかし西洋でも地域やそれぞれの家庭によって脱ぐことがある。また、東アジア、東南アジア、トルコなど広い地域で玄関で靴を脱ぐ習慣があり、日本人が思っているほど、玄関で靴を脱ぐことを習慣とする文化は少なくない。

2. 欄間

　欄間とは、天井板と鴨居の間の空間のこと（障子や襖と天井までの空間）である。すなわち、明かり取りや換気などに用いられるスペースである。部屋と部屋の仕切りの上部に、通風・採光目的で設けられたもので、ふつうは格子や透かし彫りの装飾が施されている。古くは

平安時代の絵巻物にも原型が見られる。ここに格子や障子、透かし彫りの板をはめて装飾を施したことから、転じて装飾板自体も欄間と呼ばれる。花鳥風月といった題材を彫刻で施したものは、大黒柱と並び建物の品格を表すことから、凝った技法のものは寺院や在来軸組工法の高級木造住宅に欠くことができない。このため生産地は、城下町や門前町として発展した仏具の生産地に多い。

3. 床の間

床の間は、和室の壁面に設けられた一畳か半畳程度の部分で、掛軸や生け花を飾る場所で、絵画や観賞用の置物などを展示する空間である。床は板張りで、周囲より一段高くなっているのがふつうである。古くは神を拝むための場所だったのだが、室町時代（1392～1573）から安土桃山時代（1573～1603）にかけて造り付けとなり、座敷の装飾的性質を持

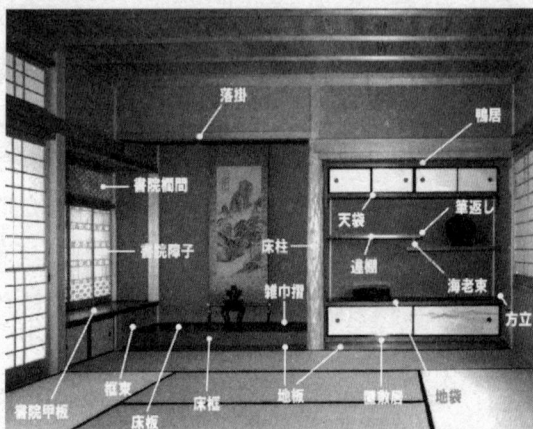

つものになった。しかし最近の集合住宅には、床の間がない間取りも多く見られる。

4. 畳

畳は、奈良時代には権威を表すものとして使用され、江戸時代以降に民衆に普及し、住宅の重要な床材として使用されてきた。湿気が多く、夏暑く冬寒い日本の気候の下では、不可欠の存在で、畳には調湿・断熱効果がある。他にも、防音効果や、空気清浄効果もある。第

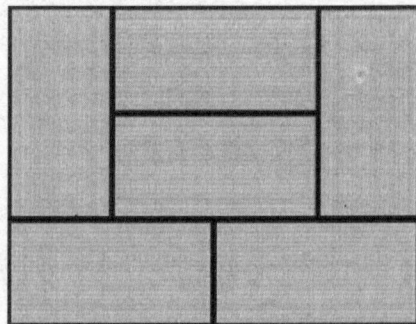

二次世界大戦以降、和室を持つ住宅が減少したが、畳の持つ暖かさ、日本伝統のインテリア要素、自然素材の使用による安全性に注目が集まっている。例えば、正方形の琉球畳（りゅうきゅうたたみ）や縁のない縁無畳（えんむたたみ）を上手に取り入れた住宅などがあげられる。このように、畳は再び床材として見直す動きが出てきている。乾燥したわらを重ねて縫ってあり、その上にいぐさで編んだ畳表（たたみおもて）をかぶせてある。畳一枚は約 90 センチ ×180 センチで、和室の広さは畳の枚数で表される。なお、畳の縁を踏むと傷みが早いため、踏まないのがマナーである。

5. 障子（しょうじ）

　障子は、平安時代から現在まで、和風住宅に欠かせない建具として使われている。長方形の木の枠の中に、細い木を格子にしてはめ込み、それに和紙を張った引き戸である。部屋の出入口や間仕切り、あるいは窓に取り付けて使う。採光を考慮しているため、障子を閉めていても、和紙を通して柔らかい光が差し込んでくる。吸湿性や断熱性が高いだけでなく、日光を柔らかく拡散させることで、自然な明るさを作りだして人に心地よさを与えてくれることは、障子が好まれる大きな理由だろう。

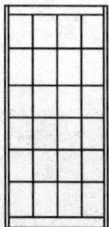 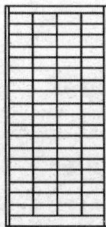 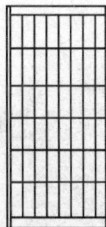 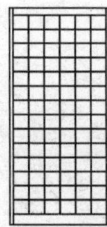 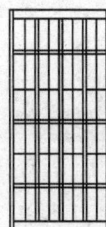

荒組障子　　横繁障子　　縦繁障子　　桝組障子　　吹寄障子

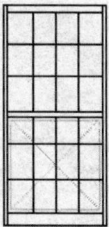 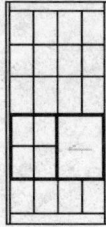 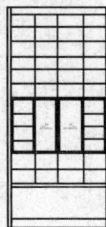 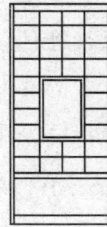 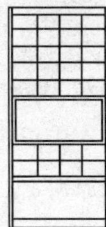

雪見障子　　片引き猫間障子　　引分け猫間障子　　縦額障子　　横額障子

典型的な日本家屋には必ず見られるものだが、住居が洋風化するにつれて、少な

くなってきている。

6. 襖 (ふすま)

　襖は、和風住宅の部屋同士を仕切る建具である。もともと寝殿造りの住宅で一つの大きな空間を仕切るために作られたもので、その後の建築様式にも部屋同士の間仕切りとして使われた。壁ではなく、取り外しができる襖を部屋の間仕切りとして使うことで、自由に部屋の大きさを変えられる。裏表 (うらおもて) には、和紙の下張りの上に厚い紙が張られ、この紙の上に美しい模様や絵が描かれているので、装飾的にも優れている。部屋の雰囲気を変えるには、このふすま紙を張り替えればいいのである。障子と違って採光は考えられていない。間仕切りとしての機能とデザインの美しさが、ふすまの特徴である。芸術品としても、鎌倉時代から江戸時代に寺院や城に襖に描かれた絵(襖絵)は、重要な文化財として現存している。

7. 瓦 (かわら)

　瓦は、7世紀ごろ仏教とともに中国から伝来し、現在も和風・洋風住宅を問わず使用されている。もとは神社仏閣 (じんじゃぶっかく) で使用されていたが、戦後、洋風住宅の普及とともに一般住宅へ広がった。現在は粘土やセメントを主な原料としている。かわらを使った屋根は「かわらぶき」という。使用する箇所に応じて、さまざまな形のものがある。鬼 (おに) が

わらは主に鬼の形をしており、魔よけの意味で用いられている。瓦屋根は、茅葺や板葺の屋根に比べ、雨を防ぐことに長けている。また防火・耐熱の効果もある。瓦を使用する文化は、日本だけではないが、日本は台風が多いので、風で飛ばせないよう中国やその他の国よりも重い瓦が使用されているようである。瓦の耐久年数は非常に長く、東大寺法華堂では、1200年前に製造された瓦が今なお使用されている。

8. 座布団

　座布団は和室で畳の上に座るときに使うもので、四角い形をしていて、ちょうど一人が座れるくらいの大きさである。中にはふつう綿が詰められている。座布団の覆いは、さまざまな模様や絵を描いた布でできているが、夏になるといぐさなどで編まれた、さらっとした感触で、風通しのいいものが好まれる。

　日常的に使われる座布団には、中身とカバーが別物として存在し、部屋の雰囲気に合わせた外観のものが使い分けられている。

　もともと位の高い貴族が使用していたことから、座布団は、相手を敬いもてなすという意味を持つ。あらかじめ来客用に相手に座布団を敷いておく場合にも、向きや、裏表を間違えると失礼に当たる。また、座布団を出されたときの作法も重要で、相手の好意を踏みにじらないように行う必要がある。訪問先で、和室に通された場合は、座布団に勝手に座ってはいけない。畳に座って待つか、案内人に進められた席の座布団に座る。このとき、足の裏ではなく、膝から乗って正座をする。

9. 炬燵

　こたつは、日本人の「畳の上に座る生活」にマッチした暖房器具である。木製の

テーブルを布団で覆い、中に火のついた炭が入っている陶器を入れておく。現在では炭ではなく、テーブルの裏面にある電気ヒーターで温める。伝統的な日本の住宅では、機密性の低さから、部屋全体を暖めることより、住人の身体のみを暖める方法が発達した。中でも炬燵は、布団を使用するので、その中は機密性が高く、足や下半身、時には全身を暖めるのには有効である。こたつは1人暮らしの人から5~6人の家族まで幅広く使われている。

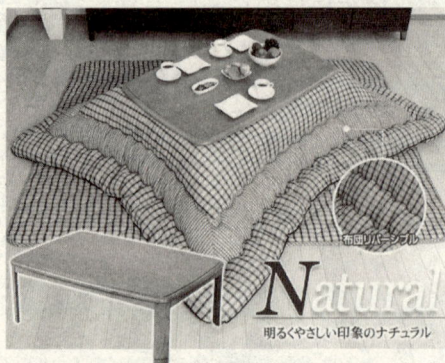

近年は、エアコンやファンヒータ、電気カーペット、床暖房など、技術の進歩による暖房用の電化製品やガス器具が多く登場したが、炬燵は依然として根強い人気を持っている。西洋の暖炉のように、日本では冬に、このこたつを囲んで家族がくつろぐのである。また、ダイニング炬燵と呼ばれる、洋式の机と椅子に炬燵を合体させたものもある。

10. 箪笥

たんすは、衣類や小道具を収納する木製の家具である。伝統的な日本のたんすは、収納しやすいように引き出しと引き戸を組み合わせてあり、角が傷まないように金具で補強されているものもある。現在では、服をハンガーで収納できるよう開き戸を組み合わせた「洋だんす」が普及している。和服用には、衣類を湿気から守る桐たんすが重宝されている。

第二節　日本建築

　建築は、その土地の気候、風土、習慣に大きく制約される。

　日本の建築物は、湿潤で四季のある気候であることと、木材が豊富であることなどから、建物は木造で、床下および室内の風通しをよくし、屋根には勾配をつけ、軒を出して気候に合わせている。座る生活に合わせて床上には畳が敷いてある。

1. 発達

　歴史的に見て日本の建築は中国からの影響を受けたが、多くの違いがある。中国では露出した木材を塗装したのに対し、日本では伝統的に塗料を施すことはなかった。また、中国建築は椅子を使用する生活様式を基本としているが、日本では慣習として床に座る。その慣習は明治時代に変化し始める。

　日本のほとんどの地域では、夏は長くて蒸し暑いのだが、伝統家屋では床上・床下に空気が流れるように、多少なりとも床が高く造られている。建材は木材で、これは夏涼しく冬暖かく、地震や台風が来ても他の建材より柔軟であるからである。

　飛鳥時代、中国から仏教が伝来し、仏教寺院が大陸の建築法で建てられた。以来、仏教建築は絶えることなく日本の建築に圧倒的な影響を及ぼしてきた。607年に初めて建立され、670年の火災直後に再建された法隆寺の建造物の中には、世界最古の木造建築がある。法隆寺一円の仏教建造物は1993年にユネスコの世界遺産に登録された。

　(710〜794)奈良時代には、中国の都と同様の方法で平城京と呼ばれる都が奈良に築かれた。街路は碁盤の目状に配置されている。この時期に建築された多くの寺院や宮廷は、中国(唐)の様式である。

　(794〜1185年)平安時代になると、中国的要素は完全に消化され、日本的な様式が発達した。平安京(現在の京都)の貴族の館は寝殿造りで建築されたが、これは

母屋と私室を中央に配し、他の周辺の居室を廊下で結んだ造りだった。

16 世紀には封建領主たちが支配し、多くの城郭が建てられた。これらは軍事的防衛施設として建築されたのだが、同時にその地方の領主の権威を高めるのにも用いられ、また住居としても利用された。そのうちいくつかが今日も残っている。城郭内で居住スペースとして用いられた建物や、仏教寺院の居住区画なども、しばしば書院造りという和風建築様式で建てられたが、これにはいくつか新しい特徴的要素があった。例えば、障子と襖や蘭草畳などで、これらは今でも伝統的日本家屋の主要な要素となっている。この様式で建てられた現存の建造物の中で最も壮麗な建物は、17 世紀に建てられた京都・二条城二の丸御殿である。

17 世紀になると、書院造りは茶の湯を行う家屋である数寄屋の特徴的要素と組み合わされ、数寄屋造りという和風建築を生み出した。繊細な感覚、ほっそりとした木部、華飾を排した簡素さなどがその特徴である。この様式の最も優れた例は桂離宮（京都）で、建築と造園の調和美として有名である。

② 種類

▶▶（1）仏教建築

6 世紀に仏教が日本に伝来した時、中国・朝鮮から由来した建築様式に則って、礼拝のための建物が建造された。それぞれの寺院の敷地に多数の建物が建てられたが、これらは出家した僧侶・尼僧の生活の場としての役割を果たすだけでなく、在家の参拝者が集まる場としても重要な役割を担っていた。

寺院建築は中国の影響を強く受けていたが、屋根の反りが少なく、軒が深く、優美な曲線と直線のコントラストなど、日本風に変化したものとなっている。法隆寺、唐招提寺など、7～8 世紀の遺構が現在、奈良県下に数多く残されており、法隆寺は世界最古の木造建築である。

▶▶（2）神社建築

日本建築の最も古い様式を残しているのは神社で、高床式、彩色を施さない白木

造り、かやぶき、地面に直接柱を立てる堀っ立て柱で、典型的なのは伊勢神宮、出雲大社、住吉大社などである。

法隆寺

　神道の建築は決まった配置に従うというよりも、環境に合わせて配置される。神社境内に特徴的な門である鳥居から、参道が本殿に延びているが、その経路は石の灯籠が目印である。神社の境内の清浄さを保つため手水鉢が置いてあり、参拝者が手や口を清められるようになっている。多くの神社では鳥居や本殿の前に狛犬と呼ばれる獅子のような一対の像があって、神社を守っている。この建築様式は紀元前300年頃に始まると言われている。

伊勢神宮　宇治橋

神道では、山や美しい山から木、岩、滝などに至るまで、ほとんどあらゆる自然物・自然現象に神が存在すると考える。神道の神社は神を祭る所であり、また人々が礼拝する場所でもある。

上述の神社以外の神社は、神社建築の特徴のいくつかを残しながら、仏像建築の影響を受けた建築となっている。

▶▶ (3) 住宅建築

住宅建築は奈良時代までのものは遺構もないので明確ではないが、平安時代になると、神殿造りが貴族の間では一般的になる。

主人の起居する神殿を中心に、対屋、池に臨む釣殿を造り、それぞれを廊下でつないだもので、屋内は板敷きだった。

室内に畳を敷きつめるようになったのは室町時代末期からで、さらに桃山時代になると書院造りが完成する。

桂離宮

これは現代の日本建築にみられる床の間、違い棚、ふすまなどを備えた建築で、桂離宮、修学院離宮などがその代表的なものである。

▶▶ (4) 城郭建築

戦国時代から造られた城は、石組みと木骨に白壁で、3～5層の高層建築を造り上げた。姫路城がその典型である。

姫路城

第三節　日本庭園

　日本の伝統的庭園は自然の景色の一部を織り込んだものであり、水流、池、石組み、樹木、築山などの取り合わせで変化をつけ、自然のままの風情を出している。その考えが行きついたところが借景で、遠方の山や、そこから見える風景そのものを、庭の景色の一部として取り入れたものである。この様式が現代にも生きている。作庭の思想の上からは、日本の庭園は自然中心主義のものと、宗教性を帯びたものとの二つの流れに大別できる。

1. 特徴

　日本庭園は水流、池、石組み、樹木、築山などの取り合わせで変化をつけ、自然のままの風情を出している。洋風庭園が木や石を幾何学的に配置するのに対し、日本庭園はできるだけ人の手を加えず、自然を模して景観を構成するのである。

造園家はそれぞれの景色を配する際、三つの原則に従う。縮景、見立て、借景である。最初の「縮景」は、山や川といった自然の景観を限られた空間に再統合するため小型化することである。これは、都会にいながらも理想的な山村の風景を造り出すようなものとも言えるかもしれない。「見立て」とは抽象化でもあり、例えば白い砂を用いて海を象徴したりすることである。また、山や海など庭の外部や背後の景観を利用し、景観構成全体の一部にしてしまうことを「借景」と言う。

日本庭園の基本的な枠組みは、ある流派によると、石とその取り合わせ方で決まる。古代の日本人は石に囲まれた場所に神が宿ると信じ、そこを天津磐境や天津盤座と名付けた。同様に、木が濃く茂った所を神籬と呼び、堀や流水は、聖なる土地を囲むものとして、水垣と称された。

日本庭園は二つのタイプに大別される。一つは築山で、丘や池で構成されるものであり、もう一つは平庭で、丘や池のない平らなものである。最初、邸宅の主な庭には築山様式を、限られた空間には平庭様式を用いるのが普通だったが、後者は茶道と茶室が取り入れられるとより一層流行している。

2. 古代の庭園

現在知られている限りで初期の庭園は、593 年〜794 年(飛鳥〜奈良時代)に遡る。大和地方(現在の奈良県)では、天皇家や有力氏族の庭師が大きな池に小島を点在させ、周囲に「州浜」を配して、模倣の海を造った。大陸から朝鮮半島経由で仏教が日本に伝来したのはこの頃である。これらの地域からの渡来人が、中国発祥の石組みの流水仕掛けや石橋など、大陸の影響を日本庭園に加えた。

3. 寝殿造りの庭園

794 年、都は奈良から京都に移り、平安時代(794〜1185 年)が始まった。貴族の藤原家が権力の掌握を確かなものにするにつれて、日本独自の発想による芸術文化が発展した。このような貴族は寝殿造りで建てられた豪奢な邸宅に住んだ。この時代の庭園もまた広壮なものである。

　京都ではいくつかの川が合流し、都のあちこちに水を行き渡らせるため水路が掘られた。京都の夏は蒸し暑いので、人々は涼感を出そうと池や滝を造り、遣り水という流水を邸宅の棟の間や庭に流した。舟遊式庭園は、船で遊べるほど大きな、たいていは楕円の池を配しており、さらに水の上に張り出し、屋根のある回廊で邸宅の他の棟と結ばれた釣殿を設けて、簡単に釣りを楽しめるように造られていた。母屋と池の間は広々と白砂で覆われ、公式行事を行う絵のように美しい場所となった。

中央の寝殿前に広がる池泉が寝殿造庭園（京都文化博物館所蔵）

　もう一つの庭園の様式、周遊式は、散歩する人が見所を次から次へと辿りながら、それぞれの異なった景色を楽しめるように通路が造られていた。この形式の庭園は、平安時代・鎌倉時代・室町時代の寺院や邸宅によく見られる。室町時代の僧侶、夢窓疎石が設計した京都の西芳寺庭園は典型的な周遊式庭園で、この庭園は池が自然に背景の山と溶け込む印象を与えるように設計されている。

4. 浄土式庭園

　10世紀、日本の貴族階級はますます仏教の実践に熱心になった。浄土があるという信仰が広まるにつれて、庭園は仏典・仏書に書かれた浄土のイメージを模して形作られるようになる。これは太古の日本庭園の粋とも言うべきモチーフの結晶だった。この様式の庭園の中心は

池で、太鼓橋で中島に渡れるようになっていた。宇治(京都近郊)の平等院庭園は浄土式庭園の好例である。この寺院はもともと当時の権力者、藤原の道長の別荘だった。社会の上層階級が庭園に多大な関心を持ったため、庭園は多くの優れた批評の対象となった。

5. 禅宗庭園

　平安時代に続く鎌倉時代(1185～1333年)は、武士の勃興と中国から渡来した禅僧の影響の時代で、住居や庭園の様式にも変化がもたらされた。武士階級は、たとえ上層の者でも、庭園できらびやかな式典を行う慣習がなかった。むしろ彼らは屋内から庭を楽しむのを好み、庭園は見た目に美しく映ることを第一に設計された。この時代、僧侶兼造園家である石立僧が頭角を現わす。

　日本庭園の黄金期は室町時代(1333～1568年)と言われる。『山水河原の者』と呼ばれる熟練した職人群が枯山水という新様式の庭園創出を担ったのである。これらの庭園は禅宗の強い影響を受け、徹底した抽象化が特徴である。石組みが山や滝を表わし、白砂が流水の代わりに用いられた。このような形式の庭園は世界のどこにも見られないが、おそらく中国の水墨画に描かれた不毛な山や乾いた河原に影響を受けたのだろう。枯山水庭園の例は龍安寺と大徳寺で、どちらも京都にある。

　さらに、この時代の庭園は書院造りという建築の影響も大きく受けた。床の間や違い棚、襖などの要素を持つ書院造りは、今なお伝統的日本家屋の原型となっている。この観照式、座観式と言われる、座して眺める庭園は、書院造りの建物の一室である書院に座した鑑賞者の目にあたかも一幅の名画のように映じ、おのずと見る者の注視を誘うように構成されている。

6. 茶庭

　茶庭は静謐な精神性が盛り込まれ、千利休(1522～91年)によって完成された茶道と関連して発達した。茶庭は人工を排してごく自然な外観を保つよう造られており、ここを通って茶室に向かう。今日の日本庭園は、飛び石や石灯龍、植栽など、茶庭から受け継いだ多くの要素を取り入れている。客が茶を供される簡素な設計の茶亭も、茶庭に起源を持つものである。

露地(ろじ)とは茶庭ともいい、茶室に付随する庭園の通称である。

7. 回遊式庭園

　庭園が何世紀にもわたって取り入れてきた様々な形式は、江戸時代(1600～1868年)、回遊式庭園に統合された。回遊式庭園は封建領主たちが造り出したものである。有名な景勝を小型化して再現するのに名石・銘木が用いられた。人々は中央の池を愛しながら、次々と小さな庭を巡った。江戸

時代初期の作である京都の桂離宮庭園は典型的な回遊式庭園で、中央に池があり、それを取り囲むようにいくつかの茶亭が配置されている。他に京都の有名な庭園には京都御所庭園がある。17世紀の造園で御池庭と呼ばれる。松に覆われた小島が点在する大きな池がこの庭園の大半を占めている。

1626年造園の後楽園は、東京にある最も見事な回遊式庭園である。この庭園の池には島があり、そこに、元はインドの女神で日本では七福神の一人として知られる弁才天を記る小さな御堂がある。島へ渡る石橋は、その半円の形から渡月橋と呼ばれる。水に映る橋と合わせて満月のような円になるからである。また、浜離宮庭園も東京の有名な回遊式庭園である。この庭園は江戸時代の造園で、最も有名な眺めは、三つの橋で結ばれた潮の満ち引きのある美しい池である。それぞれの橋は藤棚に覆われ、小島につながっている。池や芝地や馬場の配置が、江戸期封建領主の別邸という雰囲気を醸し出している。

いわゆる日本の三名園、茨城県水戸市の偕楽園・石川県金沢市の兼六園・岡山県岡山市の後楽園もこの回遊式である。

明治時代(1868～1912年)初め、西欧の影響は伝統的日本庭園の設計にも及び、広い芝生のある広い空間を取り入れるようになった。東京の新宿御苑がその一例である。

豆知識

障子の形と素材

現在使用されている主な障子には、　以下のものがある。

荒組障子…組子の間隔が大きく荒いもの。

横繁障子…横方向の組子が縦方向より多いもの。

竪繁障子…縦方向の組子が横方向より多いもの。

腰付障子…傷みやすい下部を、板や襖で貼ったもの。

雪見障子…下部にガラスをはめ、上下するように障子を入れたもの。

障子の素材:障子紙　杉　桧

都市化が進み、日本人の生活習慣が変化したことで、伝統的な和風住宅に暮らす人の数は以前にくらべて少なくなったが、現代の暮らしの中にもう一度和の住まいの要素を取り込むことで、日本人が育んできた豊かな精神性と生活文化を再発見す

ることがで, きるので, はないだろうか。

【本章の質問】

1. 畳は日本の重要な床材としてどんな効果を果たしていますか。

2. 日本の建築はどんな種類がありますか。それぞれの特徴についてまとめてください。

3. 造園家は日本庭園に景色を配する際、どんな原則に従いますか。簡単に説明してください。

4. 枯山水庭園はどんな特徴を持っていますか。その中で、有名なものをいくつか挙げなさい。

第五章

生活風俗

　日本では古来より、各地の年中行事や自然風物等をまとめたものを「歳時記」と呼んで、四季の移ろいごとの行催事・風俗を尊んできました。

　日本では、年の始まりであるお正月の行事と、年の中間に位置するお盆が日本の年中行事の二本柱となり、重んじられている。

　本章は日本の生活風俗についてであるが、主に日本の祝日、慣習、宗教を中心に紹介する。

第一節　日本の祝日（しゅくじつ）

　現在の日本の公定休日は15日ある。その基本は太平洋戦争後の1948年7月20日に公布・施行された「国民の祝日に関する法律」（略して祝日法）である。1966年には建国記念の日、敬老の日、体育の日が追加された。平成になると、それまでの天皇誕生日がみどりの日に、皇太子誕生日が天皇誕生日になり、1996年には海の日が加えられた。こうした祝日の趣旨、由来をみてみよう。

1. 1月1日　元日（がんじつ）

　「年の初めを祝う」が法定の趣旨である。

元日は1月1日のことで、昔は「がんにち」と読んだ。日本の古来のお正月は新年を迎えるとともに、年神様や祖先の霊を迎える霊祭りの行事だった。やがて仏教の普及により、祖霊を迎えるお祭りは夏のお盆や春秋のお彼岸などが盛んになり、お正月は年神様や氏神・産土神のお祭りとなった。初詣に行ったり、晴れ着で屠蘇をいただいたり、お節料理やお雑煮でお祝いをする。

② 1月第2月曜日　成人の日

「大人になったことを自覚し、自ら生き抜こうとする青年を祝い励ます」が法定の趣旨である。

陰暦の正月15日は、新年最初の満月の頃で、各地で豊作を願い、また悪霊を祓うドンド焼きなどの行事が行われた。新暦の1月15日を成人の日とし、年の初めに人としての豊かな成長を祈る思いが込められている。1998年の祝日法の改変により、2000年より1月第2月曜日と定められた。

③ 2月11日　建国記念の日

「建国をしのび、国を愛する心を養う」が法定の趣旨である。

日本最古の歴史書「古事記」、「日本書紀」（記紀）による人代の最初の天皇、神武天皇即位の日。神武天皇は九州より東征して5年目に大和に入り、その3年後の「辛酉年の春正月、庚辰の朔に、天皇、帝位を橿原宮に即す」にいたったとされる。この日付を現在の暦に変換すると2月11日となる。西暦紀元前660年のこのときを元年とする年の数え方を神武天皇即位紀元、あるいは皇紀という。「建国記念の日」を制定する際に、この日が選ばれた。「建国の日ではなく、建国を記念する日」という考えに立っている。

4.　3月21日頃　春分の日

「自然をたたえ、生物をいつくしむ」が法定の趣旨である。

春分は二十四節気のひとつである。春分の前後各3日間、計7日間を春の彼岸といい、春分の日は中日となる。太陽が春分点を通過する日で、真東から出て真西に沈む。昼夜の長さがほぼ等しくなり、この日を境にだんだん昼間が長くなる。

日本の仏教では、平安時代のころから春秋に彼岸会が催され、悟りの彼岸へ至るための法要が営まれた。また浄土思想の広がりとともに、彼岸の中日の夕刻、落日に向かって念仏を唱えれば、西方の極楽浄土に往生出来ると信じられた。しかし祖霊崇拝の思想は仏教にはなく、日本古来の風習が仏教に結びついたと考えられる。明治以来宮中で行われる春秋の皇霊祭は、祖先供養の風習を仏教色をのぞいて宮中行事化したものにほかならない。春分・秋分の日の趣旨は、日本本来の自然観に立ち返ったものといえる。

5.　4月29日　みどりの日

5月4日は

みどりの日

「自然に親しむとともに、その恩恵に感謝し、豊かな心を育む」法定の趣旨である。

在位64年と歴代最長となった昭和天皇の誕生日である。戦争、敗戦、復興、繁栄と未曽有の歴史をたどった昭和の記念日といえる。新しく祝日法が制定されるとき、明治天皇の誕生日が「文化の日」として残された例にならっている。

6.　5月3日　憲法記念日

「日本国憲法の施行を記念し、国の成長を期する」が法定の趣旨である。

　現行の日本国憲法は、1948 年 11 月 3 日に公布された。これは先の大日本帝国憲法が、明治 22 年 2 月 11 日の紀元節の佳日に公布された先例にならい、明治節の日が選ばれたものといわれる。そうすると憲法記念日は11 月 3 日でもよかったのである。ところが当時の人々は明治節への愛着が強く、何とか明治天皇ゆかりの日を残そうとした。そのため憲法記念日は翌 22 年の施行のこの日となったのである。日本国憲法は主権在民・戦争放棄・基本的人権の尊重などを骨子とした、他に類をみない平和憲法となっている。

7.　5月4日　休日

　「前日、および翌日が祝日となる日は休日とする」が法定の趣旨である。
　1985 年の暮れ、上のような祝日法の追加条項が加えられた。ところが翌年、翌々年は日曜となったり振替休日となったため、実際この条項が生きて実施されたのは1988 年の5 月 4 日が最初となった。そのため暦によってはこの休日が記載されていないものもあった。ちなみに祝日と日曜日が重なったとき、翌月曜日を休日とする「振替休日制」が公布されたのは1973 年である。

8.　5月5日　こどもの日

　「こどもの人格を重んじ、こどもの幸福をはかるとともに、母に感謝する」が法定の趣旨である。
元来、3 月 3 日と5 月 5 日は、もとの上巳（3 月上旬の巳の日）と端午（5 月最初の午の日）が3 日と5 日に固定したものである。正月 7 日や7 月 7 日（七夕）、9 月 9 日（重陽）とともに、平安時代頃から五節句とされていた。5 月 5 日は、菖蒲を飾って邪気を祓ったのが、尚武や勝負につながり、勇壮な男の子の祝いとされたのである。なおこの日は「母に感謝する」日でもある。児童福祉法が1947 年に制

定され、1951 年 5 月 5 日に児童憲章が定められた。こどもの日は昭和 23 年に制定されている。この日は端午の節句でもあり、男の子のお祝いをする日でもある。

9. 7月第3月曜日　海の日

「海の恩恵に感謝するとともに、海洋国家日本の繁栄を願う」が法定の趣旨である。

1955 年に制定された最新の祝日である。もともとは、1876 年に明治天皇が東北地方巡幸の際、それまでの軍艦ではなく、灯台巡視の汽船「明治丸」で航海をして7月 20 日に横浜港へ帰着したことに由来している。2001 年の祝日法の改変により、2003 年より7 月第 3 月曜日となった。

10. 9月第3月曜日　敬老の日

「多年にわたり社会につくしてきた老人を敬愛し、長寿を祝う」が法定の趣旨である。

1963 年に「老人の日」と制定された9 月 15 日が、1966 年国民の祝日となった。来るべき高齢化社会を先取りしたものと評価されている。もともとは、聖徳太子が四天王寺(大阪市)に悲田院(貧窮者・病者・孤児などを救うための施設)を設立した日にちなんで、9 月 15 日に制定されていたが、祝日法改正により、2003 年から、9 月の第 3 月曜日となった。

11. 9月23日頃　秋分の日

「祖先をうやまい、なくなった人をしのぶ」が法定の趣旨である。

秋分は二十四節気のひとつである。秋分の前後各 3 日間、計 7 日間を秋の彼岸といい、秋分の日は中日となる。太陽が秋分点を通過する日で、真東から出て真西に沈む。

昼夜の長さがほぼ等しくなり、この日を境にだんだん昼間が短くなっていく。

太陽が天球上を北から南に移る日。戦前までは「秋季(春季)皇霊祭」と呼ばれた。多くの日本人はこの頃、祖先の墓参りをする。春の春分の日とともに、前後3日間を含む1週間を「彼岸」という。季節の変わり目で、よく「暑さ寒さも彼岸まで」といわれる。

12. 10月第2月曜日　体育の日

「スポーツに親しみ、健康な心身をつちかう」が法定の趣旨である。

1961年制定のスポーツ振興法に、10月第2土曜日を「スポーツの日」と定めていた。秋晴れの候で、1964年の10月10日は東京オリンピック開会式の日で、2年後の1966年、建国記念の日、敬老の日とともに10月10日は体育の日となった。1998年の祝日法の改変により、2000年より10月第2月曜日と定められた。

13. 11月3日　文化の日

「自由と平和を愛し、文化をすすめる」が法定の趣旨である。

1946年のこの日に、主権在民・戦争放棄・基本的人権の尊重を宣言して平和と文化を強調した新憲法が公布されたので、これを記念して「文化の日」とした。

明治時代の天長節(明治天皇の誕生日)、昭和になってから明治節と称された明治天皇の誕生日でもある。

全国的に晴天の多い気象上の特異日としても有名である。

14. 11 月 23 日　勤労感謝の日

「勤労を尊び、生産を祝い、国民がたがいに感謝しあう」が法定の趣旨である。

11月23日

勤労感謝の日

　戦前までの新嘗祭である。現在でも農業関係者による祭典という色彩が強く、この日を中心にして1週間「農業祭」が行われている。この日宮中では、その年取れた新米を神に献饌し、その後、神より供されたものとして天皇自らが食べる。新嘗祭は本来旧暦の「11月下卯の日」で、新暦では12月下旬前後の冬至に近い頃だった。ところが明治6(1873)年、新たに採用された新暦の、11月の下卯の日であった23日が、以後そのまま固定されて今日に至っている。

15. 12 月 23 日　天皇誕生日

　「天皇の誕生を祝う」が法定の趣旨である。

　全国民の統合の象徴としての天皇の誕生を祝う日となっている。1989年1月7日、昭和天皇が87歳で崩御した。同日、皇太子明仁は55歳で、神武天皇以来125代目の日本国天皇に即位した。翌8日には改元が実施され、昭和に変わり「平成」の時代が始まった。明仁天皇は、昭和8年12月23日が誕生日である。

　この日、皇居では各省大臣を招いての宴会や、各国大使を招いての茶会が開かれる。また、皇居の二重橋の門が開放されて国民の一般参賀が行われるなど、さまざまな祝賀行事が行われる。

　なお元号は、現代では日本でのみ行われ、明治からは一世一元となった。1979

年、元号法として確定した。

第二節　日本の慣習（かんしゅう）

　お辞儀や「おはよう」などのあいさつ言葉、またお中元（ちゅうげん）、お歳暮（せいぼ）、お土産（みやげ）などの贈（ぞう）答習慣（とう）は日本人には欠かせないものである。海外でも似たような習慣を持つ国々はたくさんあるが、その方法はやはり銘々のお国柄（くにがら）が表れる。日本の慣習には中国の儒教（じゅきょう）、仏教の影響を受けるもの、独自に発達したものなど様々あるが、多くは人間関係の潤滑油のような役割を果たす重要な習慣である。

　また一方で、人間関係には直接関係ないが、風呂のような日本人にとって欠かせない慣習もある。湯船（ゆぶね）にたっぷり入れたアツアツの湯に、「じゃぶり」と浸かる風呂は一日の疲れを癒（いや）す重要な日課（にっか）である。

1. 挨拶（あいさつ）

　日本で代表的な挨拶といえばお辞儀である。場面や気持ちの深さによって腰を折る角度が変わる。「おはよう」などの挨拶語やお辞儀などは、最も基本的な日本の慣習である。

　今日の「おはよう」は「お早くから、ご苦労様でございます」などの略だと言われている。それは朝から働く人に向かって言うねぎらいの言葉である。「こんにちは」は「今日は、ご機嫌いかがですか」などの略で、日中に初めて出会った人の体調や心境を気遣っている。「こんばんは」は「今晩は良い晩ですね」などの略だと言われる。また、「さようなら」は「左様ならば」の略のようである。「それならば私はこれで失礼いたします」のような意味の言葉になるのかもしれないが、本来の意味は定かではない。いつ頃からこれらの挨拶語が定着したのかははっきりしないが、江戸時代の書物（しょもつ）には「おはよう（ございます）」の表記が見られる。

2. お辞儀と握手

お辞儀は相手への敬意を表し、握手は親睦・和解の表現として行われるという微妙な違いがある。

日本の挨拶の代表格であるお辞儀は主に東アジアで見られるものだが、西洋でも行われる。

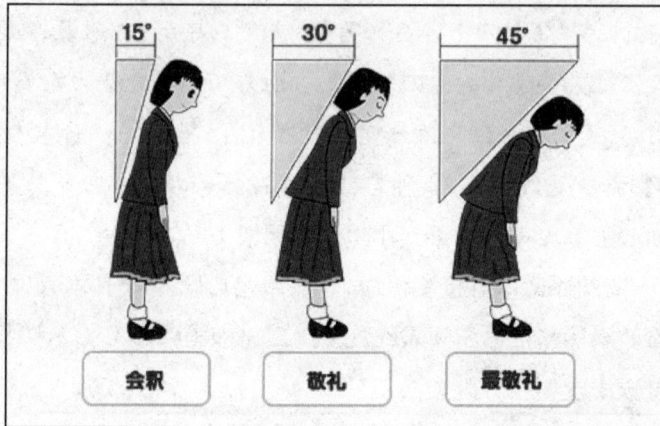

お辞儀には「立礼」、「座礼」の2種類があり、また礼の深さで分類すると「最敬礼」「敬礼」「会釈」の3種類がある。「礼三息」という言葉があり、息を吸いながら腰から上を前に倒し、止まったところで息を吐き、そして再び息を吸いながら元の姿勢にもどる。これをすると大変丁寧な印象を与え、また自分自身の精神状態を落ち着かせる効果もあるようである。

日本での丁寧な挨拶はお辞儀が一般的だが、近年では西欧文化の浸透により、握手も一般化してきているようである。握手の由来は諸説あるが、手に武器を持っていないことを証明することから始まったと広くいわれる。それによると武器を持つであろう利き手は右手の人が多いため、握手をする手は右手になったのだそうである。

お辞儀をしながら握手をするのは卑屈に見えるので、あまりしない方がいい。

3. 正座

膝をおりまげ、膝下から足の甲を床につけ、尻を足の裏の上にのせる座り方であ

る。現代の日本人の生活スタイルが洋式化していることもあり、正坐をする機会は減りつつある。

正座は一般的な生活のシーンでは和室において、芸道・武道の分野では作法の祖形、身体訓練の出発点である。正坐を長時間維持することで腹筋と背筋を鍛え、また肩の力を抜いてゆっくり呼吸すれば、精神を統一し、心に平静さを与えてくれる。

4. 中元と歳暮

日頃お世話になっている人に物を贈る行為、またはその品物を指す。期間は中元が7月初旬～中旬、歳暮は12月中旬～下旬である。二つまとめて盆暮などとも呼ばれる。

贈る相手は親や親戚、上司、取引先、仲人だけでなく、お稽古事の先生などに贈ることも多い。ただ、取引先や顧客に一律に送るというような、儀礼的な贈り物を禁止している会社もある。また、学校の教師なども受け取ることを辞退する場合が少なくない。

中元は古くは道教の祭事だったが、同じ時期にある仏教の盂蘭盆会や、1年を前半・後半に分ける日本人の考え方の影響を受けて、祖先を供養し、半年間の無事を祝う行事となった。霊に供えたものを後で親戚などで分け合った習慣が、現在の儀礼的な贈答習慣へと変化した。

歳暮は、一年の締めくくりであるため、中元よりも重視される傾向にあるようで、どちらか一方贈る場合は歳暮にしたり、両方とも贈る場合は中元よりも歳暮の品物の値段をやや高めにすることが一般的である。12月に入るとデパートなどは進物を買う人々で混雑し始めるが、その活気あるにぎわいは、近づきつつある新年を実感させる年末の風物詩ともなっている。なお普通は丁寧な意を表わす接頭語「お」をつけてお歳暮という。

　贈る品物は、食料品が多いようである。その内訳は、中元ではビールが多く、歳暮では『海産物』『食肉加工品』『日本酒』などが多いようである。食料品は、趣味嗜好が少なく、無難で、無駄になりにくい点が良いのかもしれない。頂きたいものとしては商品券なども人気があるようだが、贈る側としては、「気持ちが伝わらない」「贈り主の個性が表れない」と思う人が多く、あまり浸透していない。また、目上の人に商品券を贈ったり、年配の方に肌着などを贈るのは失礼ととられる場合があるので、注意が必要である。

　直接届けない場合、デパート等からの直送便に挨拶状を同封するか、荷物が届くころに合わせて別に書状を出すこともある。包装には熨斗紙をつける。そして表書きは水引の上側に「御中元」「御歳暮」と書き、中央下にその文字よりは少し小さめに名前を書く。当方・先方のどちらが喪中であっても、贈ることができる。しかし、ごく最近に不幸があって先方が気落ちしているなどの場合は時期を遅らせ、「暑中見舞」「寒中見舞」として贈る方が心遣いが伝わる。お返しは礼状のみで良い。ただ、感謝の表現というより親交を深める意味で友人などから贈られた場合は、同額くらいの物を贈ってお返しとしても良い。

⑤. 年賀状と暑中見舞い

　年始やお盆の挨拶回りなどの節目の行事が、明治維新後、郵便制度の発達と共に書状という形をとって定着していったものである。過去にお世話になった人、親しかった人などと自然に心通じる機会を与えてくれるのが、この年賀状と暑中見舞いである。

　年賀状は新年のあいさつのために出す書状で、その年の干支にあたる動物の絵を添えることが多く、元旦に届くように送る。官製のお年玉付き年賀はがきは、抽選で賞品が当たるので人気がある。ビジネス上の年賀状は印刷した文面で済ますことも多いのだが、個人の年賀状は工夫をこらしたものも多く見られる。

　年賀状を出す期間は、12月15日～25日頃である。また年賀状を私製ハガキに切手を貼って出す場合は、朱書きをする。出していない人から年賀状が届いた場合は、すぐに返事を書く。年賀は1月7日までのことを指す。

謹賀新年

丙戌

旧年中はお世話になりました。
今年もよろしくお願いいたします。

平成十八年　正月

謹賀新年

丙戌

旧年中はお世話になりました。
今年もよろしくお願いいたします。
昨年のプロジェクトでは
多くのことを学びました。
ご指導いただき、ありがとうございました。

平成十八年　正月

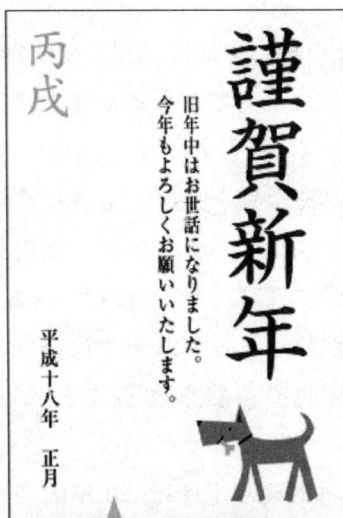

> 印刷された文面だけで送ると、ほとんど読まれず、すぐしまわれてしまう

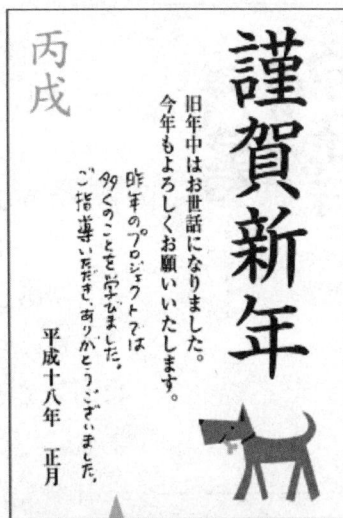

> こんな風にちょっとした一言を添えると、受け取った側もよく読んでくれるし、印象にも残りやすい。なによりも送り手の「体温を感じさせる」効果がある

　暑中見舞いは7月15日ごろから立秋の8月8日ごろまでに送る、あいさつのはがきである。立秋を過ぎて送る場合は、残暑見舞いという。日本の夏は高温多湿で体力を消耗しやすく、体調を崩すことが多いので、その時期に親しい人と安否を確かめあったことからできた習慣である。

　近年は家庭でのパソコンやプリンタ、デジカメなどの普及率も上がり、予め印刷された絵ハガキを使わずオリジナルの年賀状や暑中見舞いを作って送る人が増えた。また、全て印刷ではなく一言手書きのメッセージを添えてあるのをよく見かける。やはり送る人全て同じものを送ったのでは、心が伝わらないのだろう。

6. 餞別とお土産

　日本の慣習の中でもことさら重要なのが贈答である。その中でも土産は現代でも馴染み深いものだろう。国内であれ、海外であれ、どこへ行っても土産を買って回る日本人の姿は有名である。これを一部の研究者は、お土産強迫症などと呼び、土産を買わなくてはいてもたってもいられない日本人の習性を指摘している。日本人は近所や職場の人にも土産を買うが、外国人は家族・友人にのみ買っていくそ

うである。

　また、餞別は引越しや転校、転勤、長期旅行などの際に、「新しい環境になっても今まで通りお元気で」「これからもよろしく」などの意味を込めて、転居先で役立つような物品や金銭を贈る。品物の場合、スリッパやテーブルクロス、エプロンなどの実用品が選ばれる。引越しの際に邪魔にならないよう、あまり場所を取らないものが好まれる。欧米では餞別という習慣はあっても、餞別に金銭を贈ることはないようである。

　日本人が国内で買う土産は、20年前では陶器・人形などが人気だったようだが、今では安く、軽くてかさばらないものが好まれているようである。一方で、日本に来た外国人が故郷の人々に買っていく土産は、陶器・人形などが多いようである。日本的なイメージにぴったりである。

⑦. 名刺

　日本で江戸時代から使われ始めた名刺は、現在ではビジネスマン必携物の一つである。当時は今のような使い方ではなく、訪問先が不在の際に来訪を知らせる意味で戸口の隙間に挟んで帰るという使い方をしていた。

　名刺には氏名、会社名、役職名、会社の住所と電話番号などが印刷されている。日本ではビジネス上の人間関係は、互いの名刺を交換することから始まる。

　名刺はその人の身分証明書であり、名刺を丁寧に扱うことで名刺をくれた人に敬意を払っていることを表現する。ただ、海外では日本ほど名刺を

丁重に扱うことはせず、先方の目の前でメモ書きしたり、即座にポケットにしまうこともよくあるようである。

　名刺交換はまず先に目下の人が目上の人に渡す。ただ、先方への訪問の際は、「お邪魔します」という意味を込めて訪問者が先に出す。また訪問者の方が明らかに目上である場合は、訪問を受けた側が先に出す。かつて名刺は画一的なデザインのものが多かったのだが、最近では個性をアピールするために、紙の質や色、レイアウトなどにさまざまな意匠を凝らした名刺も使われるようになっている。

8. 風呂

　心身を清めたり、治療に用いたり、娯楽・社交の場として親しむなど、昔から日本人は風呂を愛用してきた。街中に数多くあった銭湯も今では減りつつあるが、温泉人気は衰えを見せない。

　海外ではシャワーのみで、浴槽内で体を洗う国が多いようだが、日本人は湯につかるのが習慣である。そのため、海外のホテルに日本人の団体旅行客が泊まりに来た際、湯の供給が追いつかなくなったという話も聞くほどである。反対に、日本を訪れた外国人が、一般家庭の風呂では家族皆同じ湯を使う習慣を知らず、入浴後風呂の栓を抜いてしまうことも多いようである。

　また風呂は娯楽でもある。全国に数千余りある温泉やヒノキ風呂や打たせ湯、石風呂など様々な種類の風呂を集めた施設は人気がある。人々は風呂に浸かりながら親しい友人や家族と談笑し、時には酒を飲み、良い気分になる。

　人生の最初の沐浴は産湯であり、死後は湯灌によって清められる。

9. 冠婚葬祭

▶▶（1）冠婚葬祭とは

　冠婚葬祭とは、人が生まれてから亡くなり、その後に行われるものまで含めた家族的行事全般を指す言葉である。元々は儒教の思想の延長が含まれるが、今日で

は単に通過儀礼の一種として扱われている。4文字のいずれもが人生の節目及び死後の扱われ方を指しており、このいずれをも滞りなく行う事で一人前だとみなす思想もある。

なおこれらは非日常的な催し物（イベント）でもある事から一時的に出費を余儀なくされる行事としても扱われ、特に突然に起こる葬式や、結婚式では、専用の積みたて金融商品や互助会のような組織も存在しており、式場の運営のようなサービス業も見られる。

① 冠

成人式を指す。かつては15歳の元服に由来し、冠を頂く（社会的な役職や参政権を得る）の意味を持つ。今日の日本では選挙権の獲得という意味があるが、ともすれば飲酒や喫煙の法的制限がなくなる事くらいにしか認識されていないケースもある。明治時代や大正時代には長子の元服ともいうと、その家の社会的地位によっては親類縁者から祝いの品がやり取りされたという。今日では一般に余り高価なものをやり取りしないため、言葉だけが残っている部分がある。

② 婚

結婚式のこと。祝い物のほか、披露宴を行う側にとっても多大な出費もあり、また様々な風習・宗教的理由も含んで儀式内容も多様である事から、専門化したサービス業者も多い。近代化に前後して形骸化も著しく、宗教行事的な側面は減じられているケースも多く、人前式といった形式も見られる。

③ 葬

葬式のこと。遺体の納棺から葬儀・火葬・納骨までを一連のサービス業者が取り扱う業態が発達している。また、突然の葬式に対応し顧客を獲得するため葬儀会社では医院との連携も見られる。こういった活動は個人と遺族ないし残された知人との別れの儀式であるが、後述する祭（祭ること）のように葬式の日から起算して日取りが決定される行事もあるため、その日付を記念する意味合いも持つ。

④ 祭

『日本の礼儀と習慣のスケッチ』より、1867 年(慶応 3 年)出版

　先祖の霊をまつる事全般をさす。祖先の霊をまつる事で人を集め、一族縁者の絆を深めて繁栄を目指すという、広義の祭同様の行事である。お盆などに帰省して祖先の墓参りをする人も日本にはまだまだ多く、これが日本人的なメンタリティの一部ともなっている。

▶▶ (2) 冠婚葬祭のマナー

冠婚葬祭はマナーが問われる重要なシーンである。

　冠婚葬祭の祝儀の金額は、親が子供や、兄弟姉妹に対して贈る場合が10 万円程度、祖父母から孫が半額の5 万円程度、その他の親戚関係が2 万円・10 万円、友人で2・3 万円、会社関係で3 万円が相場になる。4や9、と言う数字とともに、偶数の金額は割り切れる ＝分かれる ＝離婚、死別に繋がる、とされるため、避けた方がよい。ただし最近では偶数の中でも2は「ペア、カップル」を意味することから良い、とされてきている。

　使い古したお札は入れない。熨斗袋も、結婚祝には繰り返さずにこれきりで、と言う意味の結び切りの水引を、出産祝や入学祝には幸せが切れずに続くことを表すために蝶結びの水引がかかった熨斗袋を使う。祝儀袋の表書きにボールペンでは書かない。薄墨の字は縁起が悪いと嫌われるのでお祝いには使わない。外包みは左、右、上、下の順に折る。下の折が上を向いていることを確かめる。祝儀袋のお祝いの文字より名前が大きくならない、などである。香典袋に「ご霊前」と表書きを

書くのが一般的で無難といわれるが、信仰している宗教によってそれは違っている場合がある。現在では宗教的な意味合いは減少し、キリスト教徒の告別式なども増えているので、形式が大きく変わったが、昔はその宗派に従い、表書きや熨斗、袱紗を選択していた。仏教では、亡くなってから49日は不祝儀袋の表書きは「ご霊前」、49日を過ぎると、「御仏前」と書く。香典袋に入れるお札は新札は避ける（死を予測して用意した印象を与える。もし新札しか手元に無い場合は、一度折り目をつけてから香典袋に入れると良い）。

　また、冠婚葬祭で気をつけるのが服装である。男性の場合スーツならば問題ない。冠婚葬祭の中でも結婚式は参加する機会が多い。結婚式での服装は、格式が高い場合は、モーニングやタキシードスーツを着るのが一番いいとされてきたが、最近では略礼服に白のワイシャツとネクタイという格好が一般的になっている。

　結婚式では新郎新婦が主役となる。そのため、新郎新婦以上に目立つ服装やスーツは控えた方がよい。葬儀のときは、これは弔いの儀式なので、派手な服装は厳禁である。

　女性で結婚式に呼ばれた時の服装については、もしも昼間であるならば肌をあまり露出しないデザインの服装にする。ノースリーブのドレスの場合にはショールや、はおりものをして肌を隠す。夜の場合は、逆に露出があった方がフォーマル感が出てくる。色は、男性の場合と違って、白やオフホワイトのものは避けた方が無難である。またパンツスーツを着ていく場合は、仕事用で着用しているスーツは避けて、フォーマル感があるとか、ファッション性のある服装が望ましくなる。和服の場合、未婚女性は格式の高い豪華な披露宴の場合は、振袖が正装になる。30歳以上の独身者は訪問着や付け下げ、色無地がよいだろう。既婚女性は染め抜き五つ紋の黒留袖、または色留袖が正装である。

　葬式でのスーツも同じである。また素肌を見せないために女性は黒いストッキングを着用する。肌を出さないことは基本的だが、季節によって7分丈、5分丈、半そでなど袖を短くする分には大丈夫である。

① 婚儀

　婚約とは世間に公表することで、当人の二人が結婚しようとただ誓い合ったとしても、それは婚約とは言わない。他人同士だった二人が、新しい一つの家庭を持つのであるから、結婚の約束の公表は社会への義務であり、同時に権利である。また

婚約とは、慣習法的に保証された正式のルールでもある。仲人の媒酌があって結婚が決まり、結納が渡され、その受領書が渡された場合は仲人を通じて、また結納品を飾ることによって、婚約は公表され成立する。

　見合いの場合はもちろんのこと、恋愛結婚などの場合でも結納や結婚式の披露宴を行う時には「お仲人さんの世話になる」という昔からの形式をとることが多い。日本のしきたりで言えば、昔は見合い結婚がほとんどだったので、二人が交際する前から仲人が誰であるかは、あらかじめ、はっきりしているのが当たり前のことだった。しかし現在では、大抵の場合、挙式が近くなってから仲人を依頼するようである。その際のマナーでは、以下のことが大切である。①必ず二人揃って依頼に行く。②挙式の日だけではなく、その間の主要な打ち合わせにも、先方の都合が悪くない限り、仲人の同席を頼む。

　男性の方から女性の家に結納を渡すのが昔からの日本の慣習である。結納とは、男性方から女性方に渡すものであって、女性方はその受領のしるしを使者に渡したにすぎず、現在、「結納品の交換」といっていることは、結納本来の意味からいうと間違い、時代や階層によって結納の品目などは変わって少なくなったが、帯一筋だけは必ず入っていた。やがて帯の実物を贈る代わりに帯代と名付けて金銭を包む風習も起こり、現在は形だけの目録と帯代だけを差し出している。女性方からはその半分の金額を袴料として返す場合もあるが、最近では記念品を贈るケースが増えている。

　結婚しようと二人が誓い合ってから、それぞれが両親に打ち明け、父親が認めて許せば二人は世間に公認された許婚となる。その時、夫となる男性は妻となる女性に誓いの証として、指輪一個を贈る。女性はこの指輪を右手の薬指にはめる。結婚式の直前に新婦はこの指輪をはずし、結婚式の直後からこの指輪を左手の薬指に移す。指輪をはめることによって愛の誓いを象徴する、と古くから信じられていた。これはイギリス・ヨーロッパから伝来した習慣である。

　日本の結婚には男が女の家庭に行く婿入りと、女が男の家庭に行く嫁入りの二つの形態があるが、大多数は嫁入りである。婿入りした場合は男は女の家の籍に入り、女の家の姓を名乗り、嫁入りすると女は男の方の籍に入り、男の姓に改姓する。

　1990年以降、日本では85％が恋愛結婚で、このほかに見合結婚がある。現在、平均結婚年齢は男が28.5歳、女は26.2歳（1994年）である。

　昔は結婚式を自宅でするの
が普通であったが、しかし現在
は専門の結婚式場やホテルを
利用する人が多くなってきた。
その上、秋に式を挙げる人が多
く、大安の日を選ぶ人が多いの
で、結婚式場が込み合う。結婚
式には神前結婚式、教会結婚
式、仏前結婚式などがあるが、
一番多いのは神前結婚式で
ある。

明治神宮における神前結婚式。神主の先導で新郎新婦が
境内を歩くのが一般的である。

　神前結婚式には新郎・新婦、
媒酌人、家族、親類が出席する。神主が神に向かって祝詞を読み上げた後、新郎が神
に結婚を誓う。それから新郎・新婦の間で「三三九度の盃」をする。みこが運ん
でくる三つの盃のうち、まず小さい盃を男・女・男の順に取り交し、次の中位の盃
は女・男・女の順に、一番大きい盃は男・女・男の順に取り交してみこのつぐお神
酒を飲む。これで二人は夫婦になったわけである。この後親族全員が盃を上げて
両家が親戚になったことのしるしとする。

　結婚式が終ると披露宴に移る。披露宴は日本式の宴会にする場合もあれば、洋式
にする場合もある。専門の結婚式場には宴会場があるし、ホテルには結婚式場があ
るのでこういうことができる。披露宴の出席者は50—70人くらいが普通で、披露
宴は媒酌人の挨拶から始まり、主賓の祝辞、乾杯があってからウェディング・ケー
キに刀を入れて食事になるが、その間、友人などのテーブル・スピーチがある。そ
の途中で新婦が退席して衣装を替えて出てくる。これを「お色直し」と言う。最後
に親族の代表が招待客にお礼の言葉を述べて結婚式は「お開き」になる。客は「引
き出物」をもらって帰り、新郎新婦は西洋式に新婚旅行に行くのが普通になって
いる。

② 葬式

　人が死ぬと葬送の儀礼を行うが、それが葬式である。日本には国教といえるよう
な特定の宗教がないので、故人の宗教やその遺志などによって、葬儀告別式の方法

も色々ある。しかし、現在、大多数は仏式で行われる。葬儀の前夜、近親者が集まって一夜を明かすのを「お通夜」と言うが、最近は人が死んだ夜に通夜をすることが多くなった。人が死ぬとその家では玄関にすだれを裏にしてかけ、「忌中」の札をはる。通夜で死者を葬る前に家族親戚友人が夜通し棺の前で守る。祭壇は葬儀社に頼んで飾り付け、僧侶を呼んで読経してもらい、

現代日本の標準的な葬式(祭壇)

死者の死後の名前である戒名を付けてもらう。その後、参列者が焼香し、軽い酒食をとりながら故人を偲ぶのがしきたりになっている。昔は遺体を寝かせたまま通夜を行い、その後に納棺したが、最近は衛生的配慮から、通夜の前に納棺を行うようになった。葬儀とは、死者に会葬者が最後の別れを告げる告別式は引き続き行われるのが普通だが、場合によっては遺族や近親者だけで葬儀を行い、一般会葬者は告別式にだけ参列するとか、公葬にするためにすぐ葬儀が行えないような時には、死後2,3日以内に、取りあえず近親者だけで密葬を行い、後日、正式の葬儀、告別式を行うこともある。キリスト教の献花の変わりに、仏式では祭壇で合掌し、焼香して死者に別れを告げる。告別式の後、火葬場に行き火葬、骨上げを済ませ、遺骨とともに帰宅して翌日、埋葬(納骨)をする。墓地が正式に決まらない場合や、遠くてすぐ行けないような場合には、寺院の納骨堂にいったん遺骨を預け、後日、埋葬することもある。墓は普通寺院に付属してその境内に作られる。寺院から墓地として一区画を買い、その土地に墓石を立てる。そしてそこが死者の一家の共同の墓地になるわけである。しかし今は土地が高く、墓の一区画を買うにも相当の金がかかるため、経済的に困難な者やその土地の者でない時、寺の共同墓地にあたる納骨堂に骨を納め、命日には納骨堂にお参りする。仏式では、故人の死後、冥福を祈って読経する法要という行事がある。死後7日目の初七日、同様に四十九日、百か日。命日に行う一周忌、三回忌、七回忌などの年忌法要もある。盆や、春秋の彼岸にも墓参りをして、死者を偲び、供養する。

第三節　日本の宗教

　日本での主な宗教には神道・仏教・キリスト教がある。統計によると、特定の宗教を熱心に信仰しているとする日本人は少なく、宗教には無関心とみずからいう者が多い。日本人は現世的・楽天的性格であり、どの宗教に対しても伝統的に寛容である。多くの日本人は誕生や結婚の儀式は神道により、葬式は仏教による。同じ人間が神社に初詣もするし、お盆の寺祭りもし、クリスマスも祝う。各宗教が自宗の信徒数として発表している数は、神道1億1,700万人、仏教9,158万人、キリスト教316万人(1997年)である。宗教人口を合計すると、日本の人口の約2倍に達するという事実は外国には例がない。日本では憲法で宗教の自由が保障され、厳格に実行されている。したがって国教というものはなく、国の行事も宗教とは一切無関係である。国公立の学校では、宗教教育が禁じられている。

1. 神道

　神道は日本固有の自然宗教であり、神道の神を祭るところが神社である。神道でいう神は無数にあり、初めは自然物や自然現象をも神としていた。そして次第に先祖を祭るようになった。したがって神道には特定の教祖はなく、経典もない。神道は19世紀以後、国教のような扱いを受け、天皇が神格化されたが、第二次世界大戦後は国家との関係を断ち切り、各地の神社ごとの信仰となっている。日本人は誕生の時お宮詣りをし、結婚式を神前で行う。さらに神社に入学合格を願ったり、自動車を運転する人が交通安全のお札を受けたりする。家の中に神棚を祭ることが多い。正月には有名な神社に一家そろってお詣りし、また神社ごとに定めている年1度のお祭りには、その地域の住民が多く集まり、出店なども繁

盛する。

　一般的な参拝の流れは以下のとおりである。神社によっては作法が異なることがある。多くの場合、その旨の表示がある。

　参拝を行う日は毎月1日と15日がよいとされる。参拝する前に、本来は神の前に向かう前に心身を清める禊が必要である。これは神が「穢れ」を嫌うとされることによるが、現代であれば、一般参拝では入浴・シャワーなどで身体を清潔にしてから参拝する心がけが望ましい。神社に到着し、鳥居を

神社本庁(東京都渋谷区代々木)

くぐる際は「一揖(身体を45度折り曲げる会釈)」するのが望ましい。このときには服装もきちんと整えるようにする。

　次に手水舎にて手水を使い、手口を洗う。これは拍手と祝詞を行なう手口(さらには心)を清める意味合いを持つ、一つの禊である。手水の作法としては、

　① まず柄杓を右手で持って水をすくい、その水を左手にかけて清める。

　② 柄杓を左手に持ち替え、右手を洗い清める。

　③ 柄杓を再度右手に持ち替え、すくった水を左手に受けて溜め、この水で口をすすぐ。口をすすぐ際には口が直に柄杓に触れないようにする。

　④ これらが終わった後、使った柄杓を洗い清めるが、このときは水を入れた柄杓をて、柄に水を流すようにして洗う。柄杓を洗うのには次の人のための配慮という

現代日本社会文化与经济

意味合いもある。

⑤ 洗い終わった柄杓は元の位置に伏せて置き、最後に口と手を拭紙やハンカチなどでぬぐう。

⑥ これらの作法は一連の動作で行うのが好ましい。

2. 仏教

日本の法隆寺。7世紀の北東アジアの仏教寺院の代表的なものである。

仏教は6世紀に中国・朝鮮を経て日本に伝えられた。奈良時代に仏教は天皇家をはじめ有力氏族に支持され、国教的存在となる。13世紀から庶民の間でも非常に盛んになり、同時に武士には「禅」が普及した。これらは現在まで引き続いて日本人の宗教の中心になっている。仏教では神がなく、無限の愛を持って憎しみや怨みを捨てることを強調する。一般に狂信を排して寛容であり、同時に平等を貫こうとする。日本人の生活では仏教とのつながりが非常に強く、信徒でなくともお寺に参詣し、葬式を仏教式で行い、死後は仏教上の名前(戒名)をつけ、ほとんどの家庭が自分の家に仏壇を設け、供物を置き、線香をたき、先祖の冥福を祈っている。日本の美術、文学、建築あるいは日本人の思想、道徳など、文化全般にわたって仏教が非常に強く影響を与えている。

禅宗は仏教の一つである。禅とは心を静めることによって得られる高次の宗教的・内面的体験である。このように、心を静めるために座って静かに思いをこらすことが坐禅である。禅宗は12－13世紀に中国から帰国した日本人僧侶(栄西・道元)によって伝えられた。禅宗では、真理は人々の言語・文字による表現を超え

128

ているとされ、坐禅修道によって直接に自証体得することによってのみ把握されるものだとする。禅宗は武士道や茶道・生け花などのバックボーンになり、日本の思想や文化、生活全般に影響を与えた。現在の日本では禅宗の僧侶以外にみずから坐禅をして真理を追求している人は少ないが、精神修養の方法として、短期間禅寺に坐禅をしにいくことは一部に行われている。

3. キリスト教

　日本にキリスト教が最初に伝来したのは、1549 年にカトリック・イエズス会の宣教師フランシスコ・ザビエルの来日によってであった。キリスト教の伝来によって西洋の文化は日本に入り、信徒も多くなってきた。しかし、後に支配層は日本社会の秩序に有害だと考え、全面的にキリスト教を禁止した。19 世紀後半、欧米と国交を開いて、再び日本におけるキリスト教布教が盛んになった。明治以降の日本の近代化に、キリスト教及びその文化が及ぼした影響は計り知れない。道徳として、倫理として、教育として日本の生活に入り込んでいる。特に女子教育や中等教育に果たした役割も大きい。今日でも私立の高等学校、大学はほとんどキリスト教に関係がある。また宗派を超越した国際キリスト教大学も設立されている。また、社会事業の分野でもキリスト教は大きな役割を果たした。その人道主義は社会活動にも関連し、自然災害の場合は人道主義から被害者に様々な援助を与える。そのほか、キリスト教信者から優れた人物も輩出し、作家の故遠藤周作と故大平正芳元首相など名人も少なくない。

┌───┐
│ **豆知識**   │
│ 長寿の祝い   │
│ 　長寿を祝福し、周りの者が長寿にあやかる儀礼である。算賀（さんが）、賀の │
│ 祝い、賀寿（がじゅ）とも言う。   │
│ 　長寿の祝いには、還暦（かんれき）（61）、古稀（こき）（70）、喜寿（きじゅ） │
│ （77）、傘寿（さんじゅ）（80）、米寿（べいじゅ）（88）、卒寿（そつじゅ）（90）、白寿（は │
│ くじゅ）（99）などがあり、誕生日や敬老の日に子供や孫を招いて盛大に祝う。 │
└───┘

【本章の質問】

1. 日本の祝日の中で、中国にはあるものと、日本特有なものはそれぞれ何があります
か。また中国にはあるものとどう違いますか。

2. 中元と歳暮はどんな祝日ですか。

3. 日本の結婚式には何がありますか。その中でもっとも伝統的なもの、その特
徴について述べてみてください。

4. 神社へ参拝することの流れについて簡単に述べなさい。

第六章

日本の世界遺産
せ かい い さん

　日本には変化に富んだ自然の美と、現在まで残る多様な建造物などの文化財を生み出した独自の長い文化の歴史があり、現在、主に次の世界遺産に登録されている。

1. 世界遺産条約
じょう やく

　世界遺産条約は、正式には「世界の文化遺産および自然遺産の保護に関する条約」と呼ばれ、1972 年 11 月 16 日、ユネスコ第 17 回総会で採択された。自然保護と文化財保全という二つの理念を結びつけた点で大きな前進でもある同条約では、全人類にとってかけがえのない文化遺産となっている場所や建造物などを保護・保全することを目的としている。この文化遺産には、著名な世界史上・考古学上の遺跡、遺物、建造物群、並びに特徴ある自然景観、自然地域、地学的・地形的形成物などが含まれる。また、同条約では締約国の義務を規定するとともに、訓練支援・技術協力・緊急支援などの援助にかかわる世界遺産基金の活用方法も定めている。

　日本は同条約を1992 年 6 月 30 日に批准し、126 番目の締約国となった。2006 年 4 月現在、182 か国が同条約を批准し、2006 年 7 月現在、計 830 か所が世界遺産リストに登録されている。第 22 回世界遺産委員会は1998 年に京都で開催された。

② 文化遺産

▶▶（1）法隆寺地域の仏教建造物（1993年登録）

　奈良県所在。法隆寺は7世紀初め、聖徳太子（574～622年）の命により建立された。聖徳太子は日本への仏教導入に主要な役割を果たした人物である。法隆寺一画は670年の火災により損壊したが、規模を拡大して、後に西院伽藍と呼ばれる寺域にすぐに再建された。現存する塔・金堂・中門および回廊の一部は世界最古の木造建築で、7世紀後半から8世紀初頭まで遡る。東院伽藍は8世紀に加えられた。世界遺産の登録は48の建造物を対象としている。

法隆寺地域の仏教建造物
Buddhist Monuments in the Horyu-ji Area

法隆寺地域の仏教建造物

　これについてICOMOS（国際記念物遺跡会議）は次の旨のコメントを出している。
① 法隆寺の建造物群が、木造建築としての構造・配置両観点からが傑作である。
② 同建造物群が仏教伝来直後の仏教建築物で、日本の宗教建築に深い影響を及ぼした。
③ 同建築物群は、中国文化への順応、日本の寺院建築の配置、および、結果的に日本

独特の様式を確立した代表的な例である。

④ 日本への仏教の流入、および聖徳太子の仏教奨励が、同地域への仏教の浸透に際立った特徴を示している。

▶▶（2）姫路城（1993 年登録）

姫路城は、兵庫県姫路市にあった城である。その高く白い優美な姿から白鷺城とも呼ばれる。江戸時代初期に建てられた天守や櫓等の主要建築物が現存し、ユネスコの世界遺産や日本国の特別史跡となっている。日本における近世城郭の代表的な遺構である。1993 年（平成 5 年）、ユネスコの世界遺産（文化遺産）に登録されている。

現在では天守を始め多くの建造物が現存し、うち大天守、小天守、渡櫓等 8 棟が国宝、74 棟の各種建造物（櫓・渡櫓 27 棟、門 15 棟、塀 32 棟）が重要文化財に指定されている。現存天守は、江戸時代以前に建造された天守が現存する日本国内 12 箇所の城の一つであり、いわゆる「国宝四城」（通例として、国宝指定の天守を持つ城のことを指し、姫路城・松本城・彦根城・犬山城をいう）の一つでもある。

江戸時代や戦国時代を舞台とした時代劇を始めとして映画などのロケが行われることも多い。

▶▶（3）広島平和記念碑（原爆ドーム）（1996 年登録）

原爆ドームとも呼ばれる広島平和記念碑は、1945 年 8 月 6 日、広島に投下された原子爆弾が爆発した時の状態のまま保存されている。この建物はもともと 1915 年に広島県産業奨励館として建設された。世界遺産諮問機関の評価では、「人間が作り出した最大の破壊力が放出されてから半世紀以上の間、世界平和が達成されてきたことの率直かつ力強いシンボルである」としている。ユネスコの世界遺産（文化遺産）に登録されており、「二度と同じような悲劇が起こらないように」との戒めや願いをこめて、とくに負の世界遺産と呼ばれている。

　この世界遺産は世界遺産登録基準における以下の基準を満たしたと見なされ、登録がなされた。

　顕著で普遍的な意義を有する出来事、現存する伝統、思想、信仰または芸術的、文学的作品と直接にまたは明白に関連するもの(この基準は他の基準と組み合わせて用いるのが望ましいと世界遺産委員会は考えている)。

　前述の基準のみの適用で登録されているのは例外的なケースだが、比較的歴史の浅い負の世界遺産には共通してみられる傾向である。

▶▶(4) 古都京都の文化財(京都・宇治・大津)(1994 登録)

　古都京都の文化財とは、京都府京都市・宇治市、滋賀県大津市に存在する対象となる複数の寺院等を総称して登録した際の呼称である。

　京都は日本の古都で、794〜1868 年まではここに日本の朝廷が置かれていた。1,000年以上にわたる日本文化の中心地であり、寺社・離宮など伝統建築の宝庫である。世界遺産登録では特に以下を含む17か所である。東から都を見渡す広い舞台で有名な清水寺。15 世紀、足利将軍の別荘であった金閣寺(鹿苑寺)と銀閣寺(慈照寺)。日本で最も有名な禅宗式枯山水庭園のある禅寺、龍安寺。徳川将軍が上洛時に滞在した優雅な二条城。京都南郊宇治市に位置し、平安時代(794〜1185 年)を代表する建築の一つ、平等院鳳凰堂。

金閣寺

龍安寺・石庭としだれ桜

　この世界遺産は世界遺産登録基準における以下の基準を満たしたと見なされ、登録がなされた。

① ある期間を通じてまたはある文化圏において、建築、技術、記念碑的芸術、都市計画、景観デザインの発展に関し、人類の価値の重要な交流を示すもの。

② 人類の歴史上重要な時代を例証する建築様式、建築物群、技術の集積または景観の優れた例。

　具体的には、京都は8世紀から17世紀の間、宗教・非宗教建築と庭園設計の進化にとって主要中心地であった。そのように、京都は日本の文化的伝統の創出において決定的な役割を果たし、特に庭園の場合において、それは19世紀以降世界の他の地域において意義深い影響を与えた。

　京都の現存文化財における建築と庭園設計の集積は前近代における日本の物質文化のこの側面に関する最高の表現である。

▶▶(5) 古都奈良の文化財(1998 登録)

大仏さま。東大寺盧舎那仏像(とうだいじるしゃなぶつぞう)。

　古都奈良の文化財は、奈良県奈良市地域に存在する寺院等の総称である。1998年12月2日京都市で開催されたユネスコ世界遺産委員会で日本で9件目の世界遺産(文化遺産)として登録された。

東大寺大仏殿

▶▶(6) 白川郷・五箇山の合掌造り集落(1995登録)

　白川郷・五箇山の合掌造り集落は、飛騨地方の白川郷(岐阜県大野郡白川村)と五箇山(富山県南砺市)にあり、1995年12月9日にユネスコの世界遺産(文化遺産)に登録された。

　合掌造りは、江戸時代から始められた養蚕のため、屋根裏に棚を設置したのが始まりと言われている。豪雪による雪下ろしの作業軽減と屋根裏の床面積拡大のため、急な角度を持っている特徴的な茅葺屋根になったと考えられている。

　白川郷・五箇山地区の荻町・相倉・菅沼という三つの山間の集落には、合掌造りで建てられた農家が多数ある。このような家の急傾斜の茅葺き屋根は、冬にこれら僻村を孤立させてしまう豪雪に耐えるためのものだった。家々は上階で蚕が飼えるように設計されている。

▶▶(7) 厳島神社:(1996年登録)

　厳島神社は、広島県廿日市市の厳島(宮島)にある神社である。1400年の歴史を

もち、日本全国に約 500 社ある厳島神社の総本社である。式内社・安芸国一宮で、旧社格は官幣中社。

　俗に「安芸の宮島」と呼ばれ、日本三景の一つとなっている。平家納経で有名である。厳島神社の平舞台は、四天王寺(大阪市天王寺区)の石舞台、住吉大社(大阪市住吉区)の石舞台と共に「日本三舞台」の一つである。

　鳥居は沿岸から160メートルの湾内にあり、鳥居の高さは、16メートルもある。また満潮時には水の上に浮かんでいるように見える美しい朱塗りの社殿も有名である。

▶▶ (8) 琉球王国のグスクおよび関連遺産群(2000 年登録)

　琉球王国のグスク及び関連遺産群は、2000 年にユネスコの世界遺産(文化遺産)に登録された、グスクなどの琉球王国の史跡群を総称した名称である。沖縄本島の主に南部に点在する。

　琉球王朝は15 世紀から400 年間、沖縄本島ほか多数の島から成る琉球諸島を統治していた。グスクという言葉は、琉球語で「城」または「囲われた小高い場所」を意味する。9つの遺産は、城の遺跡と、この島で発達した独自の文化の重要な一部として今日に伝えられた聖域を含んでいる。那覇市所在の首里城は琉球王朝の本城だった。

　この世界遺産は世界遺産登録基準における以下の基準を満たしたと見なされ、登録がなされた。

① ある期間を通じてまたはある文化圏において、建築、技術、記念碑的芸術、都市計画、景観デザインの発展に関し、人類の価値の重要な交流を示すもの。

② 現存するまたは消滅した文化的伝統または文明の、唯一のまたは少なくとも稀な証拠。

③ 顕著で普遍的な意義を有する出来事、現存する伝統、思想、信仰または芸術的、文学的作品と、直接にまたは明白に関連するもの(この基準は他の基準と組み合わせて用いるのが望ましいと世界遺産委員会は考えている)。

▶▶ (9) 日光の社寺(1999 登録)

　日光の社寺は、栃木県日光市に存在する寺院等の総称である。「日光山内」また

は「二社一寺」とも称される。1999年12月2日にモロッコのマラケシュで開催された ユネスコ世界遺産委員会で文化遺産として登録された。

　日光は東照宮として有名である。東照宮とは、徳川幕府を開いた徳川家康の霊 廟を収めるために17世紀に創建された神社である。陽明門と呼ばれる正門などか ら成る社殿は、美しく彫り上げて色鮮やかに彩色された彫刻によってふんだんに装 飾が施されている。日光にはほかにも二荒山神社・輪王寺と、東照宮創建時に植え られた巨大なスギ並木がある。

▶▶(10) 紀伊山地の霊場と参詣道(2004 登録)

　紀伊山地の霊場と参詣道は、和歌山県・奈良県・三重県にまたがる3つの霊場と 参詣道(熊野参詣道、大峯奥駈道、高野山町石道)を登録対象とする世界遺産(文化 遺産)である。2004年7月7日に登録された。

　紀伊山地は古代の首都だっ た奈良と京都の南部に広がる 深い森に覆われた地域で、ここ には吉野山・大峯山・熊野三 山・高野山の霊場がある。吉 野山と大峯山には、神道の要素 を吸収して山岳修行を行う仏 教の宗派の一つである、修験道 の山寺が多数ある。熊野三山

とは熊野地域にある三つの神社の総称で、高野山は同名の山にある仏教修行施設である。

3. 自然遺産

▶▶（1）白神地（1993 登録）

　青森県と秋田県にまたがる白神山地は、世界で最後に残されたブナ原生林に覆われている。森にはニホン大キノワグマ、ニホンカモシカが多種の鳥類とともに生息している。1954 年発行国土地理院地勢図には白神山地の名称が使われていたが、世界遺産登録以前には弘西山地とも呼ばれていた。

　全体の面積は13 万 ha でそのうち約 1 万 7 千 ha（169.7 km）がユネスコの世界遺産（自然遺産）に登録されている。青森県側の面積はそのうち74% の126.3 km・を占め、残る43.4 km・は秋田県北西部にあたる。なお、白神山地は法隆寺地域の仏教建造物、姫路城、屋久島とともに、1993 年、日本で最初に世界遺産に登録された。

　白神山地は、世界遺産登録地域の外側にも広大な山林を持ち、通常は、登録地域外も含めて呼ばれることが多い。その中でも特に林道などの整備が全く行われていなかった中心地域が世界遺産に登録されている。

▶▶（2）知床（2005 登録）

　2005 年 7 月 14 日に南アフリカ共和国ダーバンで行われた第 29 回ユネスコ世界遺産委員会で2005 年 7 月 17 日正式に登録された。

北海道の東端にあるオホーツク海に面した知床半島とて、その沿岸海域が登録の対象となっている。針葉樹林と大きな火山帯に覆われ、日本で最も手つかずの孤絶した地域である。知床は陸上と海洋の生態系の相関を示す優れた例であり、危機に瀕している数多くの動植物の重要な生息地である。

半島中央部は、千島火山帯が貫き、海岸線は荒く海に削られた地域である。冬には世界で最も南端に接岸する流氷が訪れる。この流氷により大量のプランクトンが、サケなどの豊富な魚介類が生息する。サケは秋に知床の河川を遡上して、ヒグマやオジロワシなどに捕食される。これらの動物の排泄物および死骸は、植物の栄養素として陸地に還元される。このような、海と陸との食物連鎖を見ることのできる貴重な自然環境が残る点が国際自然保護連合（IUCN）に評価され、2005 年に世界自然遺産の登録物件となった。

▶▶（3）屋久島（1993 年登録）

屋久島は、九州大隅半島の南南西約 60 kmの海上に位置する島である。鹿児島県熊毛郡屋久島町に属し、近隣の種子島や口永良部島などと共に大隅諸島を形成する。

面積 504.88 km。円形に近い五角形をしている。鹿児島県の島としては奄美大島に次いで2 番目で、日本全国でも9 番目の面積である（北海道・本州・四国・九州を除く）。

　豊かで美しい自然が残されており、島の中央部の宮之浦岳を含む屋久杉自生林や西部林道付近など、島の面積の約21%にあたる107.47 kmがユネスコの世界自然遺産に登録されている。

　世界遺産に登録された地域は、屋久島の5分の1以上を対象としている。屋久島の雨量は日本で最も多く、沿岸部の気候は亜熱帯性であり、また、九州最高峰の山でもある。同島の森には樹齢何千年ものニホンスギがあり、そのうち縄文スギとして知られているものは、樹齢7000年以上と推定されている。

豆知識

数字で見る世界遺産

- 世界遺産条約締約国……187カ国
- 世界遺産総数……936件
- 文化遺産……725件
- 自然遺産……183件
- 複合遺産……28件
- 登録を抹消された世界遺産……2件
- 危機遺産や無形文化遺産は以下となっている。
- 危機遺産……35件
- 無形文化遺産……代表リスト213件、危機リスト16件

このうち日本の物件は以下となっている。

- 世界遺産……16件
- 世界遺産暫定リスト記載……12件
- 無形文化遺産……18件

　文化遺産、自然遺産、複合遺産の種別で世界遺産を見ると、文化遺産が77.5%と突出している。この理由としては、自然遺産は範囲が広く保護が難しい点、自然遺産は比較的途上国に多いが保護や治安確保が困難な点、文化遺産は北京やパリやデリーのように都市内に複数の世界遺産が登録できる点などが考えられる。

【本章の質問】

1. 世界遺産リストに登録されている日本の文化遺産と自然遺産をそれぞれ挙げてください。

2. 日本三景は何ですか。それぞれどこにありますか。

第二部分
日本の経済

　日本の経済は第二次世界大戦後、幾つかの段階を経て今日に至っている。この部分では、戦後の日本経済、日本的雇用、日本企業及び日本の環境問題についてまとめていく。

第一章

戦後の日本経済

第二次世界大戦後の日本経済の発展は、高度経済成長期（1955～1973）、安定成長期（1973～1986）、バブル経済（1986～1991）の段階を経ていた。

第一節　経済の民主化と復興（1945～1954）

1945（昭和20）年8月のポツダム宣言受諾後、連合国軍最高司令官総司令部（GHQ）の占領政策が始まった。その経済政策は次の三つを柱とする。すなわち、財閥解体と独占禁止法、農地改革、労働の民主化を実施した。

財閥解体と独占禁止法

第二次大戦後、連合国軍最高司令官の指令に基づいて行われた日本の財閥の解体措置である。持株会社の解体、財閥家族所有の株式の買い上げ、財閥家族の役員就任の禁止、商号使用禁止、企業規模の制限などが行われた。財閥を日本の軍事的対外侵略の経済基盤とみなしたアメリカが、日本の経済力の弱体化を図るために日本政府の抵抗を廃して強行したものであった。1947年には、更に独占禁止法で持株会社が禁止され、過度経済力集中排除法で独占体の分割が行なわれた。しかし、日本をアジアにおける共産主義拡大の防波堤として利用しようとしたアメリカは、次第に独占資本それ自体の解体を強行せず、その結果日本の独占資本は「証券の民主化」、「資本と経営の分離」などの近代的装いをこらして再編されることとなり、

これが、戦後日本の経済的飛躍の基本となった。

帝国銀行から運び出される財閥の財産
（1946 年 10 月 8 日東京）

主化で会談するGHQのクレーマー大佐（手前左）、
渋沢敬三日銀総裁（中央）（1945 年 9 月 30
日東京）

農地改革

　第二次大戦後、1947（昭和 22）~50 年にかけてGHQの指令によって行われた農業
の改革。不在地主の全貸付地と、在村地主の貸付地の保有限度（都府県で平均一町
歩、北海道で四町歩）を超える部分を国家が買収し、小作農に売り渡して、自作農化
した。また、物納小作料を金納化するなどの改革が行われ、旧来の地主・小作制度
は解体された。

農地解放の掲示を見る農民
（1947 年 6 月 24 日）

埼玉農村を訪れ農民と話すGHQ 職員
（1948 年 6 月千葉）

労働の民主化

　労働者の権利を大幅に伸張させる労働三法の成立。労働三法とは、戦後の労働
民主化によって制定された労働基準法・労働組合法・労働関係調整法のことであ

る。労働基準法は労働者と使用者の平等、男女同一賃金、強制労働禁止など労働者の基本的権利を明確に規定し、さらに、労働契約、労働時間など、労働者就業条件に基準を与えた。

　労働改革が進められるのと並行して、日本の労働組合が続々と結成され、1949 年には組合数は666 万人、推定組織率は、55.8％になった。当初、組合は産業別が中心であった。それはアメリカで産業別組合が発達していたということの影響もあり、1952 年に企業別組合に転換した。

　春闘は日本労働総評議会がリードして1955 年から始まったものである。春闘は産業ごとに「基準労働者」の賃上げ（ベースアップ）という形を取った賃金総額の引き上げをめぐる労使交渉であり、使用者団体との間で妥結した賃金総額引き上げ率は企業ごとに労働者一人当たりの賃金に引き直されて、個々の労働者の賃金が決定されるということである。

春闘　2009 年

　戦後の経済情勢は深刻で、国民は失業、インフレ、生産減退、食糧不足等に悩まされた。1947 年、政府は傾斜生産方式を採用して、資材と資金を鉄鋼・肥料・石炭産業に集中し、それらの生産の伸びにより、経済にはずみをつけようとする政策をとった。新たに設立した復興金融公庫の融資や補助金の交付もそれらの産業に重点的に行なわれた。しかしその結果、インフレを助長することになった。

　戦後、米ソの対立が増す冷戦体制下で、アメリカは日本に経済的自立を求めてきた。GHQは吉田茂内閣に対し、均衡予算、物価統制などの経済安定九原則の実行（1948 年）を指令した。1949 年に来日したデトロイト銀行頭取ドッジは、日本再建のための三提案、いわゆるドッジ・ラインを示した。その内容は次の通りである。

池田勇人蔵相(いけだはやとぞうしょう)(左から3人目)らと経済政策につい
て協議するドッジ公使(左から5人目)(1949年3月7日　東京)

第一は、総需要抑制策である。

価格差補給金や複数為替レート制のもとで貿易赤字の貿易業者への補助金は大幅に削減され、官営であった国鉄、電信電話事業は採算性を重視する公社形態に移行した。

第二は、復興金融公庫(腹金)の債券発行を禁止し、貸し出しを停止したことである。これは復金を介した日本銀行のインフレマネーの供給を停止し、企業の投資は家計と企業の貯蓄によるべきだという考えを示したものである。つまり、財政、金融両面から厳しいインフレ抑制政策が採られたのである。

第三は、国際的な取引を介して市場メカニズムを導入したことである。

ドッジラインはつまり円高下の財政・金融引締め策であった。これらの方策は、インフレを抑制すると共に、日本経済を国際経済と結びつける役割を演じた。その結果、1949(昭和24)年4月、1ドル=360円の単一為替レートが設定された。

シャウプ勧告

アメリカのコロンビア大学教授シャウプ(C. S. Shoup)を団長とする日本税制使節団が、1949

年(昭和 24 年)と1950 年に連合軍総司令部に日本の税制改革に関する勧告を提出した。公平な負担と資本価値の保全を目的に、国税では所得税を中心に据え、納税意識を高めることを求めた。地方税では住民税や固定資産税を設け、地方間の財政格差を埋めるため平衡交付金(へいこうこうふきん)の創設を求めた。勧告は、翌年の税制改正でほぼ実現し、戦後日本の税制の基本となった。

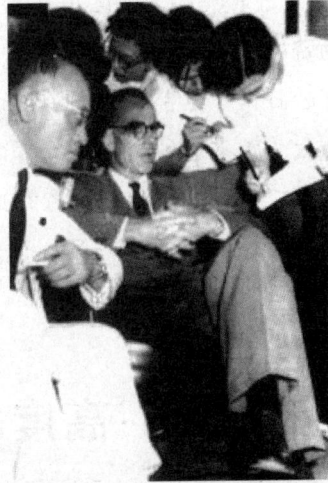

HQ 財政顧問ドッジ氏(右)を見送る池田勇人相(中央)、増田甲子七官房長官(1949 年 10 月 30 日東京・羽田空港で)

特需景気

「傾斜(けいしゃ)生産方式」などが採られたため、労働生産が拡大した。ところが、生産は伸びたが輸出は伸びず、しかも国内需要も予算によって抑えられ、その結果、在庫品が増え中小企業は資金の調整が迫り、倒産・整理の企業が出し、失業者が増えた。このように、日本経済は一変デフレ状態におちいた。これは日本経済史上ドッジ不況と言われているものである。しかし、これを決定的に転換(てんかん)させた事態が勃発(ぼっぱつ)した。1950(昭和 25)年 6 月に朝鮮戦争が始まると、米軍は前進基地となった日本で戦争物資

米軍向けの通信機の組み立て
(1951 年 3 月神奈川・横浜アサヒ電子工業)

を調達し、敗戦後の不況に苦しんでいた日本に「特需景気」をもたらした。特需は戦争物資ばかりでなく、鉄鋼、セメントなど復興資材から日本に駐留する米軍家族などの日常生活品まで含み、翌年には5億9200万ドル、翌々年は8億2400万ドルと拡大した。繊維、機械、金属、木材などを中心とする需要のおかげで、ドッジ不況の下で累積された巨額な在庫品は一掃され、生産も拡大した。特需景気は日本経済がドッジ・ライン下の不況を脱して成長の軌道に乗るきっかけとなった。

第二節　高度経済成長（1955～1973）

1953年には特需収入が8億ドルもありながら、日本国際収支は3.8億ドルの大幅な赤字となった。国際収支悪化の主な原因は国内需要の急速な増加を背景に輸入が増えたことにあった。翌年には日本政府が金融、財政の二つの面から厳しい引き締め政策を採った結果、鉱工業生産が下がり、60万人の失業者が出てきた。ところが、世界経済の拡大に乗じて、輸出が増えた結果、国際収支が黒字に転じたことから経済が回復を迎えた。すなわち、輸出が好調で、かつ民間設備投資のブームに支えられ、日本には「神武景気」が現れた。「神武景気」は1954年11月から1957年6月まで31ヶ月に及んだ景気拡大期である。神武は伝説上の天皇で、日本のはじめての天皇である。神武天皇が支配した時期は、とても繁栄していたと伝えられ、1954年からの好調が「有史以来の未曾有の好況」という意味で神武景気と呼ばれた。日本は「神武景気」によって高度成長期の幕を開けた。1953年にNHKのテレビ放送が始まり、1955年にはソニーがトランジスタラジオを完成させるなど、一般家庭用の技術革新は大きく進んだ。こうした技術革新を背景に、消費も大衆消費社会に突入した。家庭電化製品（三種の神器＝冷蔵庫、テレビ、洗濯機）が目覚ましい売れ行きをみせ始めた。

昭和31年、テレビが急速に普及し、NHKによると全国のテレビ受信契約数は約30万件。

値段は14インチで8万5000円。川崎の家電工場で試験中のテレビ画面には大相撲が映っている

東京・銀座の晴海通りの夜景。神武景気の反映か、

ネオンも自動車のライトも明るく輝いて見える

　1958(昭和33)年は、輸入が増大して鍋底不況ともいわれたが、間もなくこれを脱し、1960〜61(昭和35〜36)年のエネルギー革命(石炭から石油へ =石炭の斜陽化)を契機に、日本経済は「岩戸景気」とよばれる好況に見舞われた。時の首相池田勇人は所得倍増計画を発表し、日本人に経済再建への手応えを感じさせた・投資が投資をよび、労働力は過剰から不足に転じ、労働力節約型技術が普及した。他面、日本経済のいわゆる二重構造によるさまざまな格差や物価問題が、大きな課題として浮上してきた。また、このとき軍備を最小限度にとどめ、資金を経済にまわすという

形が定着し、「強兵なき富国の時代」（中村隆英の命名）が到来した。

岩戸景気の期間中、実質成長率は1958年こそ6.7%だったが、1959年11%、1960年12%、1961年11.5%と三年連続して二桁で伸びるという驚くような成長率を遂げた。1963年からの日本経済の実質成長率を見ると、1963年度は10%、1964年度は9.7%であったが、1965年は6.3%に落ち込んだ。6.

自民党総裁に選出され会見する池田勇人（はやと）氏。11月の総選挙を前に、所得倍増計画を発表（1960年7月14日　東京・日比谷（ひびや）公会堂で）

3%という成長率は安定成長の現代からすれば高く見えるが、2桁成長が当たり前だった当時の高度成長期では、成長率が半減する不況であった。この1964年10月から1965年10月にかけての不況は日本経済史において「40年（昭和）不況」と呼ばれる。

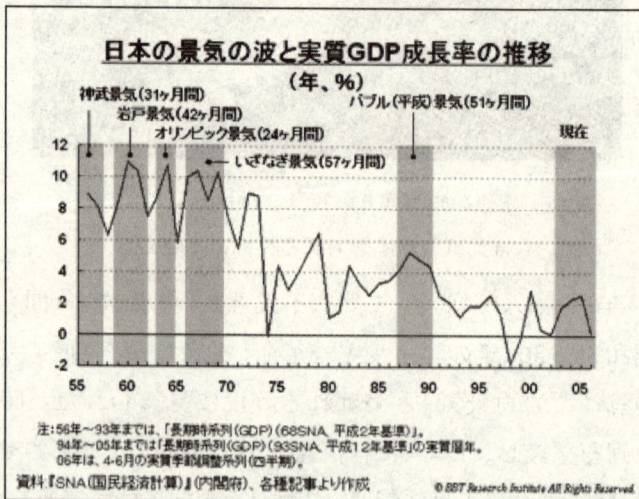

日本の景気の波と実質GDP成長率の推移
（年、%）

神武景気（31ヶ月間）
岩戸景気（42ヶ月間）
オリンピック景気（24ヶ月間）
バブル（平成）景気（51ヶ月間）
現在
いざなぎ景気（57ヶ月間）

注：56年〜93年までは、「長期時系列（GDP）（68SNA, 平成2年基準）」。
94年〜05年までは「長期時系列（GDP）（93SNA, 平成12年基準）の実質暦年。
06年は、4-6月の実質季節調整系列（13半期）。
資料『SNA（国民経済計算）』（内閣府）、各種記事より作成。
© SST Research Institute All Rights Reserved.

このような不況は、東京オリンピック開催に向けた過大な投資に対する反動が最大の原因である。1964年10月の東京オリンピックは「アジアで初めて開かれるオ

リンピック」として、日本にとっては国際社会における地位を確固としたものにさせるため、日本は猛烈な準備を始めた。このため、東京高速道路の建設、東海道新幹線の開通など、首都圏を中心にした公共投資が膨らみ、労働力不足が深刻化した。この結果、賃金コストの上昇、設備償却コストの増長、1963年暮れから本格化した金融引き締めによる金利コスト上昇などの原因が重なり、華やかな「オリンピック景気」の最中に、日本はすでに不況の入口に立たされていた。たとえば、同年5月には、大手証券会社山一証券、準大手の大井証券が事実倒産した。また、1964年になると、企業倒産件数が4200件と急増した。1965年10月から1970年7月にかけて、57ヶ月続いた戦後最長の景気拡大が訪れた。「いざなぎ景気」である。その結果、日本のGNPは1967年にイギリス、フランスを抜き、1968年には当時の西ドイツを抜いて、アメリカに次ぐ先進国の第2位の「経済大国」となった。この時代が日本経済の黄金時代だったのかもしれない。同時に、戦後の日本経済の成長パターンだった設備投資主導による高度成長は「いざなぎ」が最後になったのである。

第三節　安定成長期(1973～1986)

　日本経済は高度成長期には、成長率年平均10％以上で成長し、おおむね15年続いた。ところが、1970年以後、そのスピードは遅くなって、経済は安定成長に入った。1970年～80年の経済成長率は平均4.8％で、さまざまな原因があるが、世界的な経済不況によるところも大きい。

　1971年8月、アメリカのニクソン大統領がドル防衛策 New Economic Policyを発表した。金とドルの一時的交換停止、輸入課徴金の新設など、衝撃的な内容はまたたく間に地球を駆けめぐり、それまで輸出で強みを発揮していた円は切り上げに追い込まれた。

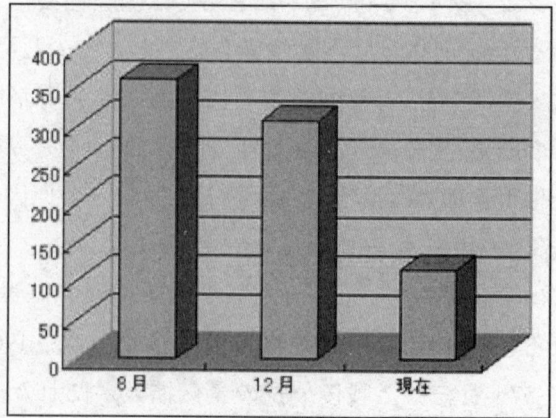

ドルの金本位制をやめると宣言した
ニクソン大統領

ニクソンショック後のドル相場 1971 年 8 月 1 ドル360 円
だったドルは、12 月には308 円にまで下落した。

　これに、第一次石油ショックが追い討ちをかける。1973 年 10 月、第四次中東戦争が勃発、アラブ産油国は、原油価格の70パーセント引き上げと、イスラエルを支持する国に対して供給削減をする石油戦略を発動した。安い石油を無制限に使っていた日本が受けた打撃は大きく、石油製品に限らず、ほとんどの原材料や生活物資が一斉に急騰した。買いだめ、売りおしみが横行、物価は前年比二ケタも上昇し、「狂乱状態」と形容された。

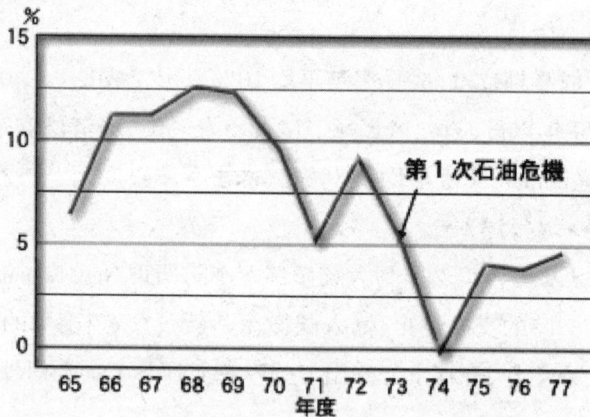

　1985 年 9 月にニューヨークのプラザホテルで5カ国蔵相会議が開催された。今回のプラザの目的は、ドル高およびアメリカと日本、アメリカと西ドイツとの経常収支の大幅なアンバランスを是正することにある。その結果、1 ドルは270 ~ 280 円

の水準から、140～150 円の水準になり、ドル安すなわち円高となった。これをプラ
ザ合意という。つまり、1985 年 9 月から1987 年 12 月までのわずか2 年間に日本円
の価値が2 倍に跳ね上がったのである。この円高はその後の日本経済に大きな影
響を与えることとなった。

プラザ合意で有名なプラザホテル（The Plaza Hotel）

第四節　バブル経済（1986～1991）

　二度の石油危機を乗り切って、安定成長への道が確立したかに見えた1980年代の終わり、日本は再び「超好景気」に突入することができた。「ジャパンアズナンバーワン」、「21世紀は日本の世紀だ」という言葉が飛び交い、株や土地が短期間で何倍にも上がった。日本は世界各国の株式、債券、不動産を買いあさり、その標的は美術品にまで及んだ。バブル景気は1986年11月から1991年2月までの51ヶ月で、銀行は無尽蔵にカネを貸し出し、空前のマネーゲームが展開された。

　ところが、1989年年末に入ると株価は急落に転じ、1990年8月の湾岸危機発生後その下落速度を速め、10月始めはピーク時の約半分の水準まで下落した。企業業績の悪化や証券不正売買事件の発覚もあって、さらに1992年に入ると、景気が減速感を強める中で、株価は下落傾向を強め、ピークからの下落率は63％であった。

　1990年4月より各金融機関の不動産業向け貸し付けについて、その増勢を総貸出しの増勢以下に抑制するいわゆる総量規制が実施された。これ以降不動産関連の資金流入が大幅に抑制された。オフィスの供給過剰などを背景に地価が下落し始めた。

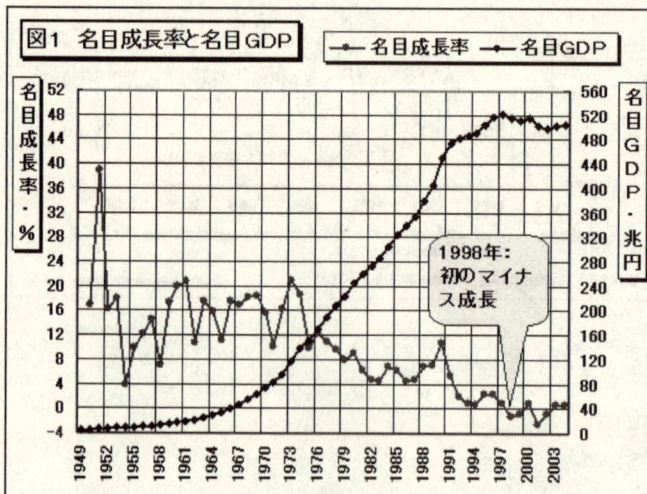

図1　名目成長率と名目GDP　　━ 名目成長率　　━ 名目GDP

　1983 年 1 月の公示地価を基準として、地価公示におけるピークまでの上昇とその後の1993 年 1 月の公示までの下落率を比べてみると、東京圏は3.4 倍まで上昇し、ピーク時に対する下落率が39％、名古屋圏は2.4 倍まで上昇し、ピーク時に対する下落率が20％と大都市圏においては1993 年に入り、引き続き下落しており、地方圏においても横ばいまたは下落の傾向にあった。こうして「平成景気」の神話が水の泡と消えてしまい、日本経済は徹底的な崩壊に陥った。

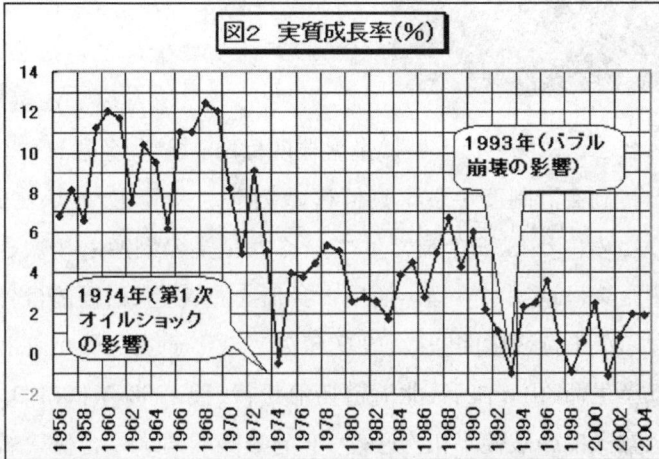

図2　実質成長率(%)

　その結果は、金融機関は巨額の不良債権を抱え、吸収されたり、つぶれたりしていった。膨れ上がった不良債権は徐々に企業の体力を奪っていった。終身雇用などを主な柱とする「日本的経営」は過去の遺物となった。景気はますます悪くなり、過剰な設備を廃棄し人員を減らす「リストラ」がブームになっていた。それでも、景気は上昇と下降を繰り返し不安定な状態が続いて、そして、物価がマイナスとなるデフレ状態が表れ、「日本は沈没する」という悲観論まで登場した。

失われた十年(1991～2001)

　90 年代はバブルの後始末に追われ、前向きの施策がなされなかったという意味で「失われた10 年」と言われる。1991 年にはバブル景気が崩壊し(バブル崩壊)、更にはこの年の12 月にはソ連が崩壊して冷戦が完全に終わった。資産価格(株価、地価)が一気に下落した。安定成長期も高度経済成長期とほぼ同じ約 18 年で終結を迎えた。これ

は日銀が金融引き締めに転じ、必要以上に公定歩合を引き上げ続けたこと、中曽根内閣以降、内閣の交代が相次ぎ、国内の政治体制の混乱が続き、住専問題に代表されるバブル後遺症の不良債権処理が後手に回ったことや、ソ連崩壊によりアメリカによる一極体制が始まったこと、冷戦末期(1980年代)のアメリカで起こった「リストラ」「ダウンサイジング」と称した整理解雇ブームの席巻に重なったことにあった。特に金融機関はBIS規制、金融ビッグバン対策、新たに導入される時価会計制度から不良債権の処理が急務となり、融資の引上げが相次いだ。このため中小零細企業だけでなく大企業の倒産も相次ぎ、経済停滞が長引いた。民間企業は過剰な設備・雇用・負債を抱え込み、経済は停滞し、バブル崩壊後積み重なった不良債権問題に、1997年のアジア通貨危機が加わり、金融危機が発生した。日産生命、山一証券、北海道拓殖銀行、翌1998年には日本長期信用銀行などの名門金融機関の破綻が相次ぎ、大手金融機関同士の合併・統合が進んだ。この年は名目GDP成長率が戦後最悪の−1.5%を記録し、ジャパン・プレミアムにより邦銀、国内企業の海外における資金調達が困難となった。この危機に対して小渕内閣は総額40兆円を超える経済対策を実施したため、小渕首相自身が「世界一の借金王」と言うほど財政赤字は拡大した。

橋本龍太郎
《第82・83代》

昭和12年 7月29日生
平成18年 7月 1日死去(68歳)
出生地:東京

小渕恵三
《第84代》

昭和12年 6月25日生
平成12年 5月14日死去(62歳)
出生地:群馬

　1990年代後半にはデフレーションが発生し、その克服(こくふく)が重要な経済課題とな
った。バブル崩壊後の日本経済は、日本的経営慣行(かんこう)が覆(くつがえ)され、「リストラ」と称
した整理解雇ブームが始まり、終身雇用制度が崩壊し始め、人件費も抑制され
た。また、借金経営に対する批判から、企業の資金調達はこれまでの間接金融か
ら直接金融へと転換し、消費や公共事業の低迷から、外需への依存が高まってい
った。

　1990年代は、円高不況による製造業の海外移転(特に中国)が相次ぎ、産業空洞化(さんぎょうくうどうか)
が進んだ。

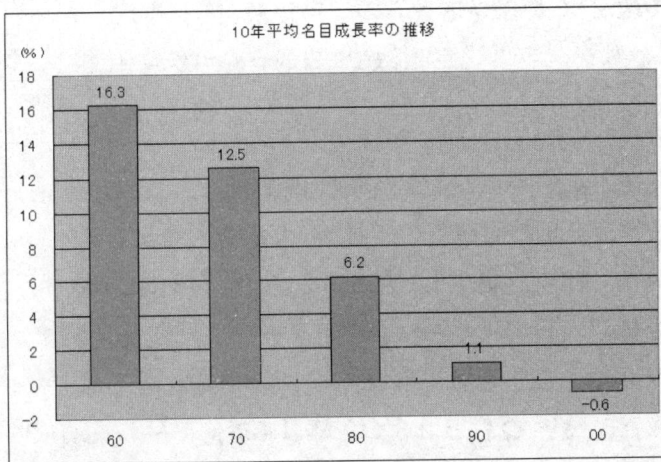

10年平均名目成長率の推移

　1990年から2008年のポイント。

1990	株価下落	
1991	地価下落バブル崩壊	91年より景気悪化し平成不況へ
1995	阪神・淡路大震災後の復興需要、携帯電話の急速な普及など通信の新規需要	景気回復基調へ

1990	株価下落	
1997	4月消費税率の引き上げ。橋本内閣による財政再建が本格化し、財政構造改革の推進に関する特別措置法成立。 　また、銀行の自己資本比率低下著しく、経営不安が起こる。山一証券破綻、拓銀破綻により、一気に金融不安が増す。日本の銀行というだけで、優良銀行まで借入金利が上乗せされてしまうという、ジャパン・プレミアム問題が出現。 　そこで政府は、金融システムの安定化策（第1弾）をおこない、金融システム安定化法で、公的資金注入の仕組みを確立し、改正預金保険法により、預金保護を行う。	消費税率引き上げを機に4月より景気後退し、平成不況の長期化へ 金融不安収まらず
1998	日本列島総不況―多くの企業が減収減益。 　金融監督庁発足。大蔵省の不祥事、大蔵省の金融行政の不透明さに批判が集中し、大蔵省から、金融機関の検査・監督権限を分離し、金融監督庁を設立。ただし、金融危機の管理などの金融に関する企画・立案などの権限は大蔵省に残り、金融と財政の分離は不徹底に終わる。	
1999	デフレ・スパイラルの懸念がしきりに議論される。2月日銀は空前の金融緩和策である「ゼロ金利政策」を開始。小渕内閣は、総合経済対策、緊急経済対策など積極財政政策を行い、財政構造改革停止法を成立。財政再建より不況対策優先を明確にする。 　また、金融システムの安定化策（第2弾）として、金融再生法により、長銀特別公的管理へ。日債銀も特別公的管理へ。また、金融機能早期健全化法により、銀行への公的資本注入を可能とした。このような金融危機を管理する組織として、金融再生委員会が発足。金融監督庁は、金融再生委員会の下部組織となった。	小渕内閣による財政再建の一時棚上げ 金融不安も一段落、 不況に下げ止まり感

1990	株価下落	
2000	公共工事・IT需要に支えられて景気は回復し、8月にはゼロ金利政策は解除される。しかし、企業のリストラは本格化し、失業率は悪化。景気が回復しても雇用が増えないので「ジョブレス・リカバリー（仕事なき景気回復）」といわれる。倒産後の企業再生を迅速に行なうことができるように民事再生法が施行される。倒産件数は多く、そごうが倒産し民事再生法による再生を始める。金融監督庁は、大蔵省に残っていた金融行政企画立案業務を統合し、金融庁と改組される。	景気回復へ
2001	ITバブル崩壊によるIT需要の減少、米国の景気後退により、景気は再び悪化。3月には、日銀はゼロ金利政策よりも徹底した金融緩和である「量的金融緩和」（日銀にある市中銀行の預金量を増やす）を導入。銀行間の金利は再びゼロへ。4月には「聖域なき構造改革」「構造改革なくして景気回復なし」というスローガンの小泉政権が誕生。6月には、「今後の経営財政運営及び経済社会の構造改革に関する方針」（いわゆる「骨太の方針」）を決定、2～3年内に不良債権問題を処理、2002年の国債を30兆円以下とするなどを定める。9月、米国同時多発テロが発生し、米国の景気悪化の影響を受け、さらに景気は低迷。	再び不況へ
2002	アメリカ経済の回復、IT需要の回復を受け、景気は緩やかながら回復。日本にとっては初めてとなる2国間経済連携協定（EPA：Economic Partnership Agreement）をシンガポールと締結。	景気回復

1990	株価下落	
2003	りそな銀行が経営危機に陥り、政府が2兆円を出資し、実質的に国有化。世界経済の回復にあわせて輸出が増加し、設備投資も伸び、景気回復の動きが強まる。	景気回復
2004	不良債権問題の処理も進展し、輸出と設備投資による景気回復が消費の回復につながり、裾野の広い景気拡大となる。それに伴い、都心部では地価が上昇に転じ始める。	回復から景気は拡張へ
2005	景気は拡張を続け、経済財政白書は「バブル後からの脱却」を宣言。しかし、景気は地方格差があり、都会と地方、正社員と非正規労働者などの「格差」が問題視される。郵政民営化を争点とした解散・総選挙(いわゆる「郵政解散」)で与党が圧勝し、郵政民営化関連法案が成立。日本道路公団が分割民営化される。	好景気が継続
2006	好景気の中、3月、日銀が量的緩和解除、7月にはゼロ金利政策も解除。11月、戦後最長の好景気であった「いざなぎ景気(4年10ヶ月)」を超える戦後最長の好景気となる。9月、安倍政権誕生、経済成長路線を打ち出す。	好景気が継続
2007	7月にアメリカでサブプライムローン問題(低所得者向け住宅ローン証券焦げ付き問題)が発生。金融機関が多額の損失を被り、金融危機へ。株価が下落し、深刻な不況へ。9月、安倍内閣総辞職、福田内閣誕生。	景気後退。
2008	9月、リーマンショック(アメリカでは金融危機の中、名門証券会社リーマンブラザーズが経営破綻)。世界的金融不安となり、世界的な株価下落、世界同時不況の深刻化へ。福田内閣総辞職、麻生内閣誕生。10月、日銀は利下げに政策転換。政府は、定額給付金支給、高速道路料金引き下げ等を含む、事業規模26.9兆円の「生活対策」を策定。	景気はさらに悪化。

第五節　日本経済の現状（2002～）

いざなみ景気

　2000年代に入り、BRICs諸国が台頭し、貿易相手国の第一位はアメリカから中国に代わった。それらの経済発展に牽引される形で外需が伸びたこと、規制緩和や金融緩和による経済活性化、IT化の普及による企業経営の効率化やIT関連産業に代表される新興産業の隆盛、及び、公的資金注入による金融機関の財務健全化により、不良債権処理が進み、民間企業の過剰な設備・雇用・負債が解消されたことも相俟って、失われた10年の間に生まれた諸問題を解消した。

　こうした中で、旧来の労使関係は見直され、雇用の流動化が進んだ。また、金融緩和が抑えられていたことや、バブル期からの所得税の最高税率引き下げ（約30%）により、経済格差が拡大する要因となった。更に、国内消費や公共事業の低迷により、企業は海外市場を重視するようになった。

　ITバブル崩壊後の2001年に小泉内閣の聖域な構造改革が始まった。竹中金融行政に迫られ都市銀行は3大メガバンクに統合し、不良債権問題の処理は進んだ。しかし依然としてデフレーションは克服できず、日本銀行はゼロ金利政策から量的金融緩和に踏み切ったが、効果が出るのはいざなみ景気の終盤になってからであ

163

った。当時、ノーベル経済学賞受賞者である経済学者のクルーグマンは日本政府はインフレターゲットを導入すべきだと主張したが、デフレ克服の前例がないため取り入れられなかった。

2002年から景気は外需主導の回復局面に入り、2007年までいざなみ景気を実現した。いざなみ景気の景気拡大期間はいざなぎ景気を超えた。円安を背景に好調な輸出系大企業や、外資による活発な設備投資、さらに日銀による量的緩和政策により、中小企業の倒産件数が大幅に減少し、下請け企業や内需企業でも過去最高の売上高を記録する企業が現れた。こういった業績の好調や労働者の高齢化から、特に製造業で労働力不足が叫ばれた。

しかし、大半の国民にとって「実感なき景気回復」という実情が世論調査で示された。人材派遣業法の成立、早期退職などの高齢労働者の人件費削減、労働の非正規雇用の拡大が賃金低下を促し、消費性向は回復したものの、名目賃金が減った為、内需の本格的な成長には至らなかった。政府や日銀が主張した「ダム論」は実現しなかった。また、OECD加盟国中一人当たり国内総生産の順位は、諸外国が大きく経済成長したことや、為替介入による円安も相俟って、為替レートベースで2000年の3位から2006年には18位まで凋落し、6年連続で低下した。（購買力平価ベースでは、1992年以来の上昇を記録した。）

2005年6月に商法が会社法に変わり、企業の透明性、社会的責任がより求められるようになり、上場企業はこれまで以上の株主を重視した経営が求められるようになった。契約社員、派遣労働に象徴される非正規雇用の低賃金労働者が増加した一方で、ヒルズ族が持てはやされたこともあり、格差社会が話題となった。好景気であるといわれていた東京でも低所得層が増加し、2006年末に東京都が実施した福祉保健基礎調査によると、年収500万円未満の世帯が初めて過半数を突破した。ただし、OECDの推計によると、2001年以降の景気拡大により、貧困率は低下したという結果が出ている。

世界同時不況

2006年3月からの金融引き締めにより、企業倒産件数が増え始め、最近では、バブルを経験した金融機関が不良債権化を恐れ、早期の融資引き上げにより、建設・不動産などの内需関連企業の黒字倒産が相次いでいる。

また、2007年8月頃よりサブプライム危機によりアメリカの大手投資銀行破綻

が相次ぐ中、いざなみ景気は終了し、2008 年の9 月のリーマン・ショックで景気は一気に悪化した。BRICs 等の新興諸国台頭に伴う国際競争激化によって、一部既存分野で日本製品のシェア低下が加速しており、新分野で世界市場を開拓できなければ輸出が減少する。さらにドバイ・ショックにより、円高が起こり輸出企業の業績悪化が懸念される。

　更にここ数年、企業は内部留保を積極的に設備投資や雇用の拡大に使っており、特に大企業の現金・預金の量はバブル期の半分まで低下している。その為、日銀による積極的な金融緩和が行われなければ、90 年代後半のように、資金繰り悪化による倒産が増えることが懸念される。

東京のウォーターフロント

第六節　経済と産業の概況

経済現状　不景気のトンネルを抜ける

　日本産業は、2004 年に入ってから、バブル崩壊とその後続いた不景気のトンネルから脱し、本格的な回復への道を歩んでいる。先行きに対する超悲観論は影を潜め、経営者たちはいま自信を回復しつつある。

　大企業に限ってみれば、建設などごく一部の業種を除くと、ほぼ全業種が利益を伸ばしている。この景気を引っ張っているのは第一に自動車である。トヨタ自動

車、日産自動車、ホンダの「日本ビッグ3」だけで、2004 年 3 月期決算の当期利益の合計が2 兆円を上回る。そして、携帯電話を中心とした通信、エレクトロニクスといった「デジタル関連」も景気回復の柱になった。さらに、長らく低迷に苦しんでいた大手電気メーカーも軒並み黒字を確保している。好調の波は素材産業にも及んだ。鉄鋼、化学などはバブル景気にわいた1990 – 91 年以来の高水準になっている、と専門家は推定する。中国を中心に世界的に需要が伸びたのが原因である。

　逆に、低迷しているのは建設業界である。国の財政が苦しくなり、政府や自治体が行う公共事業費が減らされているのが響いている。この業界では「談合」、つまり競売や請負入札に際し、入札者が事前に入札価格などを協定することが慣習的に行われてきた。近年、談合が成立しにくくなり、これが入札価格の下落を招いたのも原因のひとつとされている。このほか、国の補助金や助成に頼る割合が多い産業は依然低迷している。農業がその代表格である。

産業構造

　産業構造とは、一国またはある特定の地域の経済がどのような産業によって成り立っているかをいい、通常、産業別の生産額や就業人口などによって表される。

産業分類

　通常、産業は大きく第1 次、第2 次、第3 次産業に分けられ、さらに日本標準産業分類に基づき、次のように区分される。

　第1 次産業：農業、林業、漁業

　第2 次産業：鉱業、建設業、製造業

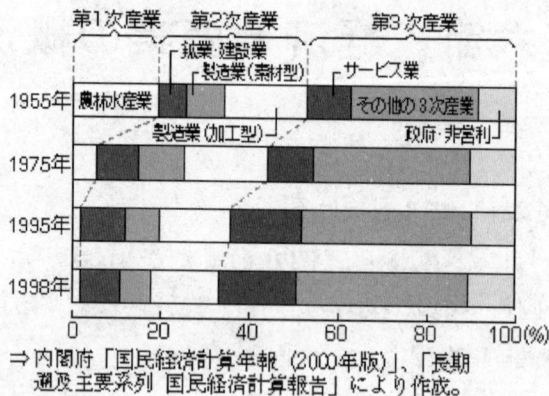

⇒内閣府「国民経済計算年報（2000年版）」、「長期遡及主要系列 国民経済計算報告」により作成。

　第3 次産業：電気・ガス・熱供給・水道業、運輸・通信業、卸売・小売、飲食店、金融・保険業、不動産業、サービス業、公務

産業構造の変化

　産業構造は経済の発展に伴い変化することが経験則として知られるが、これに関する代表的な学説にペティ＝クラークの法則がある。これは経済の発展に伴い、第1次産業から第2次産業、さらに第3次産業へと産業の比重が移るというものであり、この経験則は我が国にも当てはまる。

産業構造の変化と経済成長

　歴史的にみると、産業構造の変化は、経済成長の転換期と密接に関連している。

　例えば、60年代の高度成長をもたらした要因の一つに農業から製造業へ、という産業構造の変化があった。60年の農業の労働生産性(以下生産性)は製造業の6割程度であり、60年代を通じてその格差はさらに拡大した。

　生産性上昇率の高い部門への労働や資本といった生産要素の移動は、我が国全体の生産性を高め高度成長を可能にした。

　また、70年代以降はサービス化が進行し、第3次産業のウエイトが高まった。

　第3次産業は一般に製造業のような大量生産が困難で、技術革新が進みにくいため生産性の上昇率は低かった。サービス化の進行は、生産性上昇率を高めにくい部門に産業の比重が移ることを意味し、産業全体でみると技術革新のスピードを遅らせ、経済成長を鈍化させる恐れがあった。

　TFPの寄与度は、製造業では各年代とも高いのに比べ、非製造業ではサービス化が進行した70年代以降に大きく低下していた。これは、70年を境とした高度成長から安定成長への転換の一因を示すものとなっていた。

　とはいえ、最近のサービス化はIT分野の比重が増しており、それが産業全体の生産性を高めるもの、と期待されている。

変化する産業・職業構造

第3次産業の就業者数は引き続き増加

　15歳以上就業者数(6151万人)を産業3部門(注)別にみると、第1次産業は315万人(15歳以上就業者数の5.1%)、第2次産業は1 592万人(同25.9%)、第3次産業は4 138万人(同67.3%)となっている。

　産業3部門別に15歳以上就業者数の推移をみると、第3次産業は調査開始以来増加が続いている。一方、第1次産業は昭和30年以降、第2次産業は平成7年以降,それぞれ減少が続いている。

表6-1 産業(3部門)別15歳以上就業者の割合の推移-全国(昭和45年~平成17年)

年次	就業者数(行人)				割合(%)			
	總数1)	第1次産業	第2次産業	第3次産業	總数1)	第1次産業	第2次産業	第3次産業
大正9年2)	27,261	14,672	5,598	6,464	100.0	53.8	20.5	23.7
昭和5年2)	29,620	14,711	6,002	8,836	100.0	49.7	20.3	29.8
15 3)	32,488	14,392	8,443	9,429	100.0	44.3	26.0	29.0
25 4)	36,025	17,478	7,833	10,671	100.0	48.5	21.8	29.6
30 5)	39,590	16,291	9,247	14,051	100.0	41.1	23.4	35.5
35	44,042	14,389	12,804	16,841	100.0	32.7	29.1	38.2
40	47,960	11,857	15,115	20,969	100.0	24.7	31.5	43.7
45	52,533	10,146	17,837	24,511	100.0	19.3	34.0	46.6
50	53,141	7,347	18,106	27,521	100.0	13.8	34.1	51.8
55	55,811	6,102	18,737	30,911	100.0	10.9	33.6	55.4
60	58,357	5,412	19,334	33,444	100.0	9.3	33.1	57.3
平成2年	61,682	4,391	20,548	36,421	100.0	7.1	33.3	59.0
7	64,142	3,820	20,247	39,642	100.0	6.0	31.6	61.8
12	62,978	3,173	18,571	40,485	100.0	5.0	29.5	64.3
17	61,513	3,151	15,925	41,380	100.0	5.1	25.9	67.3

1) 「分類不能の産業」を含む。

2) 全年齢の有業者数。

3) 全年齢の有業者数。軍人・軍属及び一部の外国人を除く。

4) 14歳以上就業者数。沖縄縣の本土籍日本人及び外国人を除く。

5) 沖縄縣は14歳以上就業者数。

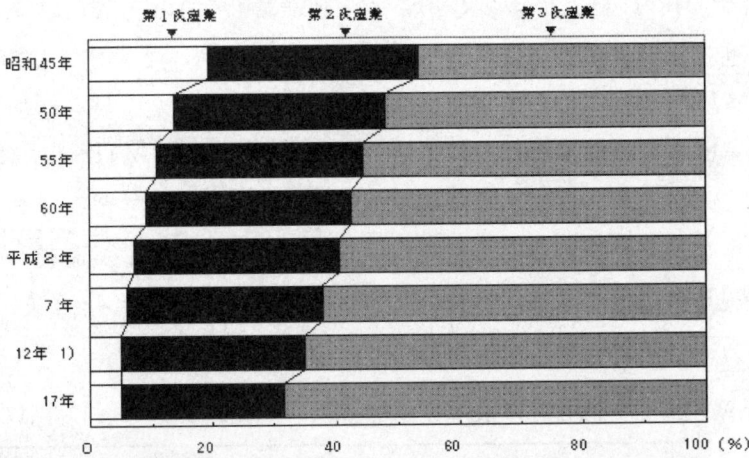

図6-1　産業(3部門)別15歳以上就業者の割合の推移-全国(昭和45～平成17年)

　主要先進国の15歳以上就業者数について産業3部門別の割合をみると、我が国を含む各国共に第3次産業の割合が高く、ほぼ同様の傾向を示している。(表6-2)

表6-2　主要先進国の産業(3部門)別15歳以上就業者の割合　　　　　(％)

国名(年次)	総数	第1次産業	第2次産業	第3次産業
日本(2005) 1)	100.0	5.1	25.9	87.3
フランス(2004)	100.0	4.0	23.7	71.9
ドイシ(2004)	100.0	2.3	30.0	67.7
イタリア(2004)	100.0	4.9	31.0	64.2
イギリス(2004) 1) 3)	100.0	1.3	21.5	76.9
カナダ(2004) 2)	100.0	2.6	21.5	75.9
アメリカ合衆国(2004) 2)3)4)	100.0	1.6	20.0	78.4

資料:ILO, Yourbook of Labour Statistics, 2004年版による。

ただし、日本は国勢調査の結果による。

1)「分類不能の産業」を含む。

2)軍人を除く。

3) 16歳以上就業者数。

4)第3次産業には「分類不能の産業」を含む。就業者数が最も多い産業は「卸売・小売業」

　15歳以上就業者数を産業大分類別にみると、「卸売・小売業」が1110万人(15歳

以上就業者数の18.1%）と最も多く、次いで「製造業」が1046万人（同17.0%）、「サービス業（他に分類されないもの）」が875万人（同14.2%）などとなっていた。

平成12年と比べると、「医療、福祉」が104万人（24.4%）増と最も増加しており、次いで「サービス業（他に分類されないもの）」が69万人（8.5%）増、「不動産業」が8万人（10.2%）増、「情報通信業」が8万人（5.2%）増、「教育、学習支援業」が6万人（2.4%）増とこれら5業種のみが増加となっていた。一方、「製造業」が154万人（12.8%）減と最も減少しており、次いで「建設業」が91万人（14.4%）減、「卸売・小売業」が60万人（5.1%）減などとなっていた。（表6-3、図6-2）

表6-3　産業（大分類）別15歳以上就業者数及び増減婁-全国（平成12年,17年）

産業大分類	就業者数		産業別割合		増減数	増減率
	（千人）		（％）		（千人）	（％）
	平成17年	12年	平成17年	12年	12年～17年	12年～17年
總数1）	81,513	63,032	100.00		-1,520	-2.4
A 農業	2,887	2,891	4.7	4.6	-4	-0.1
B 林業	52	64	0.1	0.1	-12	-18.8
C 漁業	212	253	0.3	0.4	-41	-16.2
D 統業	32	46	0.1	0.1	-15	-31.5
E 建設業	5,433	6,346	8.8	10.1	-913	-14.4
F 製造業	10,460	11,999	17.0	13.0	-1,539	-12.8
G 電氣・がス・熱供給・水道業	308	338	0.5	0.5	-30	-8.8
H 情報通信業	1,662	1,579	2.7	2.5	83	5.2
I 運輸業	3,104	3,179	5.0	5.0	-76	-2.4
J 卸売・小売業	11,105	11,700	18.1	18.6	-595	-5.1
K 金融・保険業	1,493	1,751	2.4	2.8	-258	-14.8
L 不動産業	892	809	1.4	1.3	83	10.2
M 飲食店,宿泊業	3,281	3,489	5.3	5.5	-208	-6.0
N 醫療,福祉	5,318	4,274	8.6	6.8	1,044	24.4
O 教育,學習支援業	2,704	2,640	4.4	4.2	64	2.4
P 複合サービス事業	696	707	1.1	1.1	-11	-1.5
Q サービス業（他に分類されないもの）	8,751	8,062	14.2	12.8	889	8.5
R 公務（他に分類きれないもの）	2,067	2,143	3.4	3.4	-76	-3.5

1)「分類不能の産業」を含む。

（注）平成12年は、日本標準産業分類第11回改訂（平成14年3月）に伴う組替集計結果による。

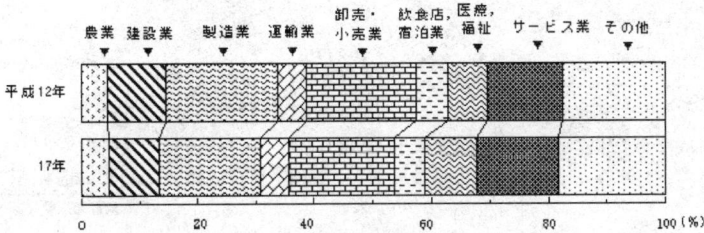

図6-2　産業（大分類）別15歳以上就業者数の割合-全国（平成12年,17年）

（注1）「その他」に含まれるのは、「林業」、「漁業」、「鉱業」、「電気・ガス・熱供給・水道業」、「情報通信」、「金融・保険業」、「不動産業」、「教育・学習支援業」、「複合サービス業」、「公務（他に分類されないもの）」及び「分類不能の産業」である。

（注2）平成12年は、日本標準産業分類第11回改訂（平成14年3月）に伴う組替集計結果による。

「労働者派遣業」の就業者数は2倍を超える増加。

医療・福祉分野では就業者数の増加率が大きい業種が多い

15歳以上就業者の平成12年~17年の増加率を産業小分類（注）（就業者数10万人以上）別にみると、「労働者派遣業」が131.1％増と2倍を超える増加となっていた。

また、訪問介護事業などの「その他の社会保険・社会福祉・介護事業」が99.7％増、「老人福祉・介護事業（訪問介護事業を除く）」が92.7％増、「障害者福祉事業」が51.3％増などとなっており、産業大分類の「医療、福祉」を構成する業種が上位20位のうち7つを占めていた。

（注）日本標準産業分類の420の小分類を国勢調査集計用として228区分に再編成した。

自動車業界が景気を引っ張る

かつて日本は「世界の工場」といわれるほど製造業、つまり「モノ作り」に圧倒的に強かった。戦後まもなくは繊維、続いて鉄鋼、化学、高度成長期以降は家庭電化製品やエレクトロニクス、といった具合であった。しかし、家庭電化製品では、台湾、

韓国、最近は

主要国の乗用車の生産台数 2003年

(万台)

世界全体 4212万台

フランス	ドイツ	アメリカ	日本	韓国
322	515	451	848	277

日本自動車工業会調べ

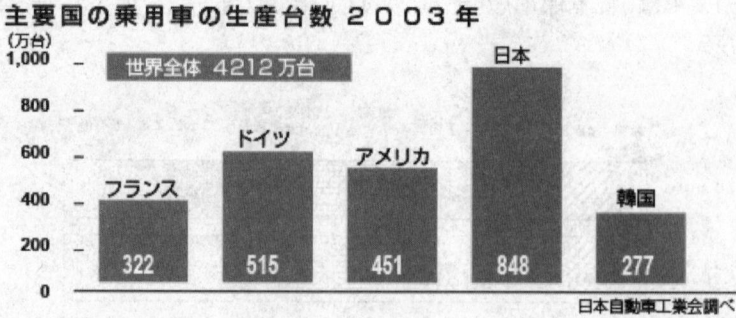

　中国に追い上げられ、製造工場を海外に移したり、生産を縮小したりしている。1980年代に世界トップだった半導体は、DRAMと呼ばれる記憶素子（メモリー）で一時は世界市場の80パーセントを独占していた。ところが、韓国メーカーの急成長や米国企業の立ち直りで、大手は次々と撤退し、日本を代表する産業の面影はない。パソコンも同じような道をたどりつつある。例外はデジタルカメラである。OEM（相手先ブランドによる生産）を含めると、世界市場の75パーセントを日本製が占める。

　そうした中で、世界一の座を保っているのが、自動車である。自動車はあらゆる意味で日本を代表する産業である。経済産業省の統計によると、国内生産額は38兆円近くに達し、全製造業の13パーセントを占める。また関連企業で働く人口は、日本自動車工業会の推定で、約700万人、日本の全就業者数の1割強にのぼる。また、乗用車の生産台数（2002年）は年間862万台に達し、ドイツ512万台、米国502万台を抑え世界一である。日本の強い産業の代表である。ほかの伝統的な製造業が軒並み苦戦している中で、突出した存在になったのにはいくつかの理由がある。自動車は一台あたり2−3万点の部品から組み立てられる。工作機械、金型、ロボット、エレクトロニクスといったさまざまな分野の協力、総合力の勝負となる。産業の裾野が広い日本はこの点有利だったといえる。さらに、「カンバン方式」と呼ばれるトヨタ独自の生産方式の浸透、ハイブリッドカーに代表される技術開発力、そ

して米国、欧州でも現地生産が成功していることなどが挙げられる。

弱いソフト業界で例外はテレビゲーム

　弱い産業のひとつはソフトである。コン
ピューターソフトの開発・生産や映画など
の映像分野でも米国に大きく差をつけられ
ている。そのなかでテレビゲームだけは例
外で、高い世界市場占有率を維持している。
米国では、人気ゲームソフトのほとんどが
日本製、ゲーム機の販売台数の70パーセン
ト以上が日本製だ。漫画やアニメーションの質が高く、人材も豊富なことが、日本
のゲームソフト産業を支えている。

　好調さを維持する日本産業の最大の弱点は、銀行を中心とする金融業である。日
本の銀行、金融業界は戦後一貫して、旧大蔵省の強力な指導と監督の下にあり、相
互参入も認められず、商品についても個別企業が創意工夫をする余地がなかった。
規制緩和、自由化の実施も遅れ、コスト面などの競争力で欧米に差をつけられてき
た。しかも、バブル崩壊で巨額の不良債権を抱え、大手でさえ倒産の危機に瀕した。
結局、金融機関の合併、吸収、連携の動きが加速するのは2000年前後からであった。
2004年秋の段階では、「みずほ」「三菱東京」「三井住友」「UFJ」「りそな」「三井トラ
スト」「住友信託」の7大金融・銀行グループに再編成されていた。それでも、バブ
ル崩壊の打撃から完全には立ち直っておらず、2004年3月期決算でも「UFJ」「りそ
な」は赤字を計上した。

　農業、建設、食品、エネルギー、卸・小売といった産業は、現在でも、米国に比べて
生産性は3分の2程度にとどまると言われている。補助金や国の保護行政によっ
て、「退出すべき」企業が居座っているためである。公的な規制を減らせば、国民の
負担軽減にもつながり、行政は簡素化、効率化して、民間の力を発揮する場が広が
る。こうした基本方針の下に、1980年代から政府は本格的規制緩和に乗り出した。
道路公団の民営化は決まり、2007年から郵政事業が民営化された。

将来を展望するための3つのポイント

　ポイント1　ナノテクで世界トップ目指す

　政府や日本経団連をはじめとする経済団体は、今後、重点的に取り組む分野を先

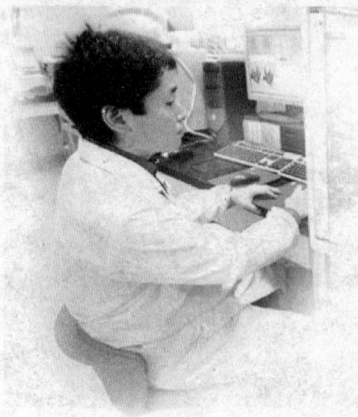

端産業、とりわけナノテク（超微細技術）に投資を行うべきだとしている。がん細胞を狙い撃ちする薬、持ち運びができる燃料電池、薄くても破れない樹脂といった「夢の発明」につながる技術で、政府は2010年の国内市場規模を20-30兆円と推定していた。日本はナノ材料の研究分野では世界のトップを走っている。米国は1980年代にプロパテント（知的財産重視）政策に転換、国家予算も基礎分野に重点配分した。日本はそれに約20年遅れた。

そのせいもあって、先端分野の開発競争で日本はこのところ、再三苦い思いをしてきた。その代表はゲノム（遺伝子情報）である。ヒトゲノムの解読は2000年に完了したが、各国別の貢献度を見ると米国が約70パーセント、英国が約20パーセント、日本はわずかに6、7パーセントにとどまった。その経験を生かして、ナノテクの開発競争に取り組む。

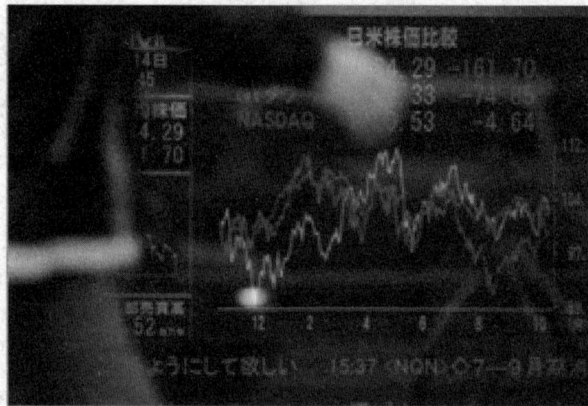

街中の証券会社にある日本とアメリカの株価を比較するスクリーンボードポイント3 少子化で伸びる高齢者産業

ポイント2　情報家電ブレイクの可能性

　薄型テレビ、DVD録画再生機、カメラつき携帯電話といった「情報家電」の売り上げが急増している。日本における情報家電の市場は2006年に1兆円を越えると見込まれていた。今後は家電、コンピュータ、ネットワークの3つが完全に結合した製

174

品が登場、さらに市場は広がりそうだ。総務省は2004年2月、すべての情報家電を家庭内でつなぐ通信規格づくりをはじめると発表した。メーカーにかかわらず、テレビのリモコンで洗濯機やエアコンを操作できるようにするためである。また、家庭だけでなく、ホテル、車中など場所を問わず使える製品も出てきそうで、日本の家電メーカーは開発競争に必死である。

　2050年には、65歳以上の高齢者の割合は35.7パーセントに達すると推定されている。介護保険を利用する在宅サービス、老人ホームなどの施設サービスなどは2004年現在、急速に伸びつつあり、大きな産業になるのは確実である。

　もっとも、長期的に見ると、日本産業のアキレス腱は少子化である。生まれる子供の数は減り続け、2003年の出生率は1.29と、米国はもちろん、北欧諸国を下回る。生産年齢人口（15‐64歳）はすでに1996年から落ち込んでいる。労働人口は急カーブで減り、年金、医療費や介護費は急増していく。このままでは経済、産業も弱っていくのは確実である。解決法のひとつは、日本がこれまで消極的だった外国人労働者の受け入れを増やすことである。本格的な少子化時代に、日本が生産年齢人口を維持するためには年平均16万人の移民受け入れが必要だ、という国連の推計もある。もうひとつが、女性の雇用を増やすこと。保育サービスの充実、フルタイムでない働き方を支援していくなどの方策が検討されている。

175

豆知識

日銀とは?

日銀とは、日本銀行のことで、国の通貨や金融システムを管理する日本の中央銀行だ。日本の景気を大きく左右する重要な役割を担っており、略して「日銀」と呼ばれている。

この日銀は民間を会社でもなく、政府の機関でもない。政府と民間の間に位置する「許可法人」で、特別な法律に基づいて作られた「政府の政策と関係が強い仕事をしている」機関である。

したがって、日銀の仕事は国のために仕事はするものの、完全な政府の機関ではないので、基本的には協調関係にはあるが、すべて政府の言いなりになる必要はない。時の総理大臣が「こうしてほしい」と思っても、命令する権限はなく、独立した立場で仕事をする事が可能な機関といわれている。

市中の銀行は、基本的に金儲けのために仕事をしている会社だが、日銀はそうではない。まず、日銀はお礼を作る日本唯一の発券銀行で、税金や国債を管理する「政府のための銀行」としての仕事をしている。また、危なくなった銀行にお金を貸す「最後の貸し手」でもある。いわば、市中の銀行にお金を貸し出したり、預けさせたりする「銀行相手の銀行」の側面を持っている。

【本章の質問】

1. GHQの経済政策の三つの柱は何ですか。
2. 特需景気の時代背景およびその内容について述べなさい。
3. 三種の神器はなんですか。それが広く使われるのはいつごろのことですか。
4. 第一次石油ショックは日本にどんな影響を与えましたか。
5. 1991年から2001年のことを「失われた10年」と呼ばれますが、何ゆえでしょうか。
6. 2001から今までの日本経済はどんな様子ですか。
7. 日本の産業はどのように区分されていますか。

第二章

日本的雇用

日本的雇用（にほんてきこよう）

　終身雇用、年功序列、企業別組合という三つの特徴をもつ日本の雇用制度のことである。これらの特徴は雇用システムの三種の神器ともよばれる。戦後日本経済の高度成長を雇用面から支えたが、企業優先の制度が人々の暮らしのゆとりを奪い制約を与えたとして、1990年代から雇用の流動化や成果主義の必要性が唱えられるようになった。

　1992年（平成4）に、国民生活審議会（内閣総理大臣の諮問機関）が企業優先の日本的雇用慣行を見直し、個人の生活を重視するため弾力的な雇用システムに転換するよう提言した。また、日本的雇用を可能にしてきた社会構造にも変化が見られる。日本の人口のピラミッド型構造が崩れ、少子高齢化が進展しており、低賃金の若年労働力を毎年大量に供給できない。これに加えて、自己実現を求めて転職する若年層の増加、雇用の流動化を促す派遣労働法制の整備、さらにバブル経済崩壊後、企業競争力を高めるため、年俸制など成果型賃金を採用する企業の増加により、労働組合の組織率低下もあって、日本的雇用は徐々に形骸化が進んでいる。

　一方、フリーターとよばれる非正規雇用者、ニートや失業者の大量発生が社会問題化しているばかりでなく、2008年の世界同時不況では派遣労働者の契約解除問

フリーター数の推計
（万人）

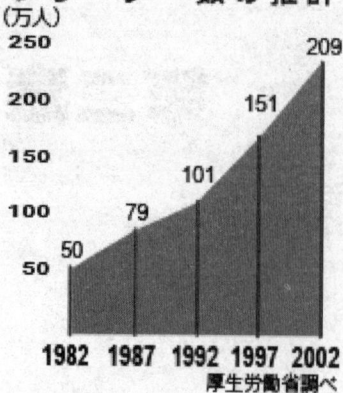

250
209
200
151
150
101
100
79
50 50

1982 1987 1992 1997 2002
厚生労働省調べ

題も表面化し、日本的雇用のよさを再認識する機運も出ている。

日本の雇用者率

　日本の雇用者率は、1955年（昭和30）に43.5％にすぎなかったものが、高度成長を経て急速に上昇した。1960年の53.4％、1980年の71.7％を経て2008年（平成20）には87.0％に達しており、欧米諸国の水準（アメリカ93.0％、イギリス86.6％、フランス91.1％、スウェーデン89.6％、2008）に類似する。

　雇用者は、第一次産業に相対的に少なく、第二次産業と第三次産業、とくに第三次産業に多いことから、雇用者率の上昇は、第三次産業に働く労働者の増加としても現れる。第三次産業雇用者がすべての雇用者に占める比率は、2008年に68.5％であり、欧米諸国の水準（アメリカ78.8％、イギリス77.2％、フランス74.2％、スウェーデン76.2％、2008）と同じように高い。雇用の第三次産業化もしくは雇用のサービス化と称される事態である。雇用者率の上昇は、女性の働く機会の拡大の過程でもある。働き続ける女性は、女性の高学歴化や家族形態の多様化、雇用機会の均等とも相まって増加した。労働力中の女性比率は、1970年（昭和45）に33.5％であったものが、1980年の34.4％を経て2008年には41.6％に達した。欧米諸国の水準（アメリカ46.7％、イギリス46.2％、フランス46.8％、スウェーデン47.3％、2008）をやや下回るとはいえ、上昇傾向をたどることにおいて同じである。雇用の女性化あるいは労働力の女性化と称される事態である。

　パートタイマーが第三次産業に多いことに示されるように、雇用のサービス化

は、パートタイマーや臨時雇い、人材派遣などの非正規雇用の増加を伴う。非正規雇用者の比率は、1990年の20.2％から2000年の26.0％を経て2009年には33.4％を記録した。雇用の非正規化あるいは雇用の不安定化といわれる事態である。

終身雇用制度

　労働者をいったん採用すると、不況下においても雇用継続にあらゆる努力を行い、よほどのことがない限り定年（2009年現在では60歳かそれ以上）まで雇用を継続する制度である。終身雇用ということばは、アメリカの社会学者ジェームス・アベグレン（James C. Abegglen）が日本の工場を調査して著した『The Japanese Factory』に始まる。同書は神戸大学教授占部都美（うらべくによし）により『日本の経営』として訳出され、刊行された。同書でアベグレンは、「どのような水準にある日本の工場組織でも、労務者は入社にさいして、彼が働ける残りの生涯を会社に委託する。会社は、最悪の窮地に追い込まれた場合を除いて、一時的にせよ、彼を解雇することはしない」と記述し、この部分をlifetime commitmentと表現したが、占部がこの部分を「終身雇用の原則」と訳出した。これがきっかけとなって「終身雇用」ということばが生まれたのである。

終身雇用は、企業と労働者との間の雇用契約や、企業と労働組合との間の労働協約のなかに明文化されているものではなく、いわば労使間の暗黙の了解事項である。終身雇用という慣行の下で、企業は企業の将来の中核となる労働力として、毎年4月にフルタイム労働未経験の新規学卒を採用し、業務遂行の過程で、あるいは業務遂行とは別に教育訓練を施して、また定期的な配置転換を行って、事業活動に必要となる人材に育て上げていく。教育訓練は、大企業では昇進の各段階でも行われるのが普通である。ときには経験者を中途採用することもあるが、大企業に関する限り副次的な採用手段にすぎない。このように

179

終身雇用は、労働者が長期勤続するという前提で成り立っている。終身雇用はすべての労働者に適用されているのではなく正社員に限定されており、パートタイマーや契約社員、期間工などの非正社員には適用されない。

終身雇用は、今日多くの大企業および公共部門に普及しており、中小企業においてもかなりの程度普及している。

終身雇用の慣行は、就業構造や勤労者意識の変化、技術革新、高齢化、女性化や高学歴化などの労働を取り巻く環境の変化により、その内容が徐々に変質している。すなわち、終身雇用は、上述したように企業を担う基幹的労働者として新規学卒者を採用し、育成し、定年まで雇用するのが基本であるが、従来、基幹的労働者の中途採用を行わなかった企業でも中途採用を行う例が広がるなど、終身雇用慣行の入口のところで変化がみられる。

また定年延長や企業内労働力の高齢化に伴う人事管理上の問題もあって、企業は同一企業内での定年までの雇用が負担となってきており、企業によっては終身雇用慣行の重要性は認識しつつも、50歳代で子会社や関係会社への転籍を行うところもある。さらに、パートタイマー、アルバイト、フリーター、契約社員、派遣労働者など終身雇用の対象外の非正規雇用を著しく増加させていることにも注目する必要がある。

年功賃金（ねんこうちんぎん）

勤続年数、学歴、年齢などの属人的要素を重点に組み立てられた賃金のことである。年功序列型賃金あるいは年功給ともいう。勤続年数、年齢の増大に応じて賃金が上昇するところに基本的な特徴があるが、これらの要素と賃金上昇とが一律の相互関係にあるわけではなく、学歴別、男女別、職種別による格差、人事考課による個

人差をうちに含んでいる。年功昇進、退職金制度などとともにいわゆる年功制度の柱をなし、日本特有の雇用慣行である終身雇用制を支える役割を担ってきた。

　勤続年数、年齢に応じて昇給する仕組みは、労働者を企業内に引き止め、企業意識を醸成（じょうせい）するとともに、労働者の企業ごとの分断と労働組合の企業内化を強める方向に作用する。また、昇給を根拠に若年労働者の賃金が低位に押しとどめられたうえで、昇給にもさまざまな格差が持ち込まれていることから、定期昇給制度をとりながらも賃金費用が総額として低く抑えられる仕組みとなっており、低賃金体系としての役割をもっている。他方、年功賃金のもとでは、雇用の長期化が前提とされるため、景気変動への対応に一定の制約が生じる。そこで、長期雇用の本工とは別に、臨時工、社外工などの不安定労働者を活用して雇用調整を行う体制がとられてきた。こうして、終身雇用制と結び付いた年功賃金のもとでは、その外部に、逆に短期的な不安定な雇用がつくりだされ、雇用の階層構造をもたらす結果となっている。

　近年、低成長への移行に加えて、高齢化、ME（マイクロエレクトロニクス）技術革新が進み、年功賃金も新たな局面を迎えている。高齢化は、定年延長を促進したが、各企業は、賃金費用の増大を避けるために、一定の勤続年数、年齢に達した段階で賃金上昇率を低下あるいはストップさせるなど、従来の基準賃金曲線を修正してきている。また、選択定年制、早期退職奨励制度などを実施し、終身雇用自体にも修正を加え始めている。この傾向は、ME 技術革新によっていっそう拍車がかけられてきている。一般に、技術革新は、従来の熟練を解体させ、新たな熟練を登場させることによって、勤続年数と技能との相互関係を崩す。職務給・職能給の導入もそのことを背景としているが、ME 技術革新は、こうした変化をより広範囲にわたって引き起こし、職務・能力にウェイトを置いた能力主義的管理への移行を促進する。そして、技術革新への対応能力をもつ若年労働者の比重が高まり、逆に、それまで技能修得のうえで上位にあった中高年労働者は、技術革新へ対応しきれない層を中心に余剰人員化される。

中高年の高い給与は、
若い僕たちがいたから・・・

　それに伴って、勤続年数・年齢と賃金との相互関係にも変化が生じ、かならずしも一義的なものではなくなる。加えて、能力主義管理は、当初から年功賃金のうちに含まれていた職種別格差、人事考課による個人差をいっそう拡大するから、賃金における年功的要素の比重は低下せざるをえない。

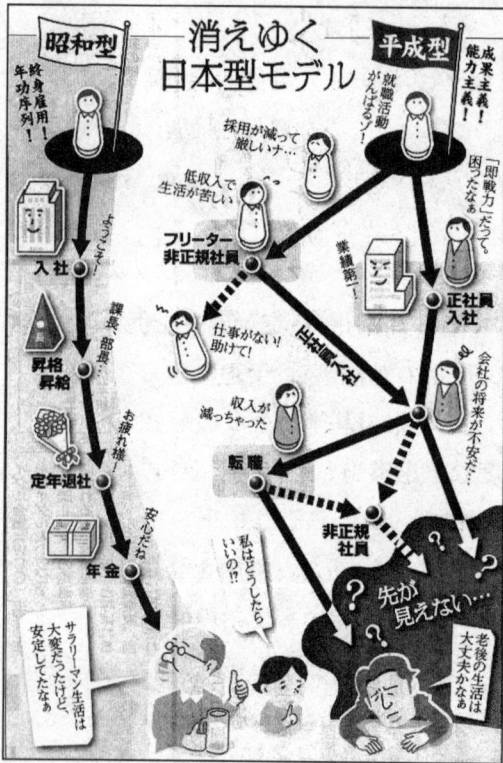

　しかし、賃金の能力主義化は年功賃金を消滅させたわけではなく、実際には両者が併存するかたちをとった。その背景として年功賃金が、学歴労働者の初任給を低位に押しとどめ、学歴・性などによる格差を利用しうる限りでは、依然として低賃金体制として資本にとっても合理性をもっていること、年功と賃金との矛盾も中高年の企業内流動化によって緩和しうること、企業帰属意識を維持させ勤労意欲の低下を食い止めるうえでも、昇給期待感を抱きうる経済的基礎が必要であること、などがあげられる。だが、バブル崩壊後の日本経済の長期停滞を背景に始まった構造改革論議のなかで、従来の日本的システム自体の転換が求められてきており、年功賃金をはじめ年功制度全体が本格的な見直しの段階に入りつつある。仕事の実績や能力に応じて支払う職能給の一層の拡大、業績査定と一体となった年俸制の導入などはその具体的な現れである。

日本の労働組合

　今日、日本の労働組合の圧倒的多数は、企業・事業所を組織単位とし、正規の従業員のみを職員、工員の区別なく一括して組織する企業別組合である。もちろん例外的には、事業所などにかかわりなく同一の産業の労働者で組織する産業別単一組合、地域を中心に組織する地域組合などがないわけではない。とくに中小企業労働者の組織化に関連して、一般労働組合、合同労働組合などの役割が改めて見直されている。しかし、こうした組織形態をとるものはたいへん少数であり、圧倒的大部分が企業別組合である。この単位組合を基礎に巨大企業の場合は企業別連合体（企業連）を形成し、産業別連合体はこの単位組合、企業連のうえに成り立っている。さらにこの産業別連合体を結集して全国中央団体、すなわち日本労働組合総連合会（連合）、全国労働組合総連合（全労連）といったナショナル・センターができている（2000年現在）。また単位組合は、地区労働組合協議会（地区労）や地方労働組合評議会（都道府県単位）など地域組織の基礎にもなっており、この地域組織が全国中央組織の補完的な下部組織となっている。単位組合が産業別連合体に加入する形式は、個人加入の形ではなく組合単位の一括加入の形をとる。

　このように労働組合の全組織構造のなかで、企業別組合が強固な地歩を占める。この点でとくに産業別連合体（単産）と企業別組合、企業連との関係が中心的な問題となる。企業別組合からの脱皮、産業別組織機能の強化が長年の課題とされてきたが、たとえば組合財政の掌握でもっとも力をもつのは企業連であり、団体交渉の中心も一部例外を除いて企業連（とくにビッグ・ユニオン）が実質的交渉機関となっている。経営者団体と産業別組合とが交渉し、協定締結に至る慣行が形成されているのは、全日本海員組合（海員）などの例外を除けばほとんどない。また地域組織の交渉機能も弱く、実際は春闘時の情報交換やカンパニア組織となっている事例が

多い。企業別組合からの脱皮、産業別・地域別組織強化は古くして新しい課題であるが、とくに1960年代末以降、民間ビッグ・ユニオンの比重が著しく増しただけでなく、同時に企業内組合化の傾向も著しく顕著になっていることも懸念される。同時に、その流れに対抗する動きも強まっている。

第二次世界大戦前の日本では労働組合は、組合員数の最高約42万人(1936)、推定組織率の最高7.9%(1931)にとどまった。戦後、労働組合の急速な結成が進み、組織率では1948～49年、5割台を記録した。組織人員(組合員数)では65年以来1000万人台に達し、99年(平成11)6月末現在1182万5000人である。しかし雇用者数との比率でみる推定組織率では1975年以来漸減傾向にあり、2000年6月末現在21.5%となっている。日本の労働者の3分の2以上が未組織であること、企業別組合が圧倒的多数であるため、中小企業労働者の大半、大企業でも臨時工、パートタイマーなど賃金、労働条件とも劣悪な層が放置されていることは、労働者階級の連帯(れんたい)強化、日本の低賃金水準・労働条件の克服、底上げにとっても大きな障害となっている。

次に産業別の組織状況をみると、1999年6月末現在組織率の高いのは公務60.2%、電気・ガス・熱供給・水道業54.3%、金融・保険・不動産業41.9%、運輸・通信業40.8%であり、低いのは卸売・小売業と飲食店9.2%、農業、林業、漁業5.7%となっている。この組織率の高低は、実は当該産業における企業規模分布と密接に関連している。たとえば運輸・通信業では郵政、NTT(日本電信電話株式会社)グループ、JRグループ(旧国鉄)など巨大企業体を含んでいる。反対に卸売・小売業では中小零細分野を多く抱えている。規模別組織率の大きな格差と産業別組織率格差は相関関係にある。民営企業で企業規模別組合員数構成をみると、1000人以上で57.2%、300～999人で15.5%であり、その合計で7割以上に達する。100～299人で9.5%、30～99人で3.5%、29人以下で0.5%であるから、大企業での組織率は高いが、小零細企業での組織状況はきわめて低いことがわかる。

1999年現在の適用法規別の組合員数では、労働組合法78.9%、国営企業労働関係法2.2%、地方公営企業労働関係法1.8%、国家公務員法2.1%、地方公務員法15.1%

となっている。主要団体別にみると、連合 748 万人（63.3％）、全労連 106 万人（9.0％）、全国労働組合連絡協議会（全労協）27 万人（2.32％）である。

福利厚生

　企業が、従業員の確保・定着、勤労意欲・労働能率の向上、労使関係の安定などの労務管理上の効果を期待して、従業員とその家族を対象に、賃金その他の基本的労働条件以外の主として生活条件の領域で、任意にあるいは法的義務として実施する諸施策のことである。

　日本経営者団体連盟（現日本経済団体連合会）の福利厚生費調査や厚生労働省の労働費用調査によれば、福利厚生は法定福利と法定外福利に大別される。前者は、健康保険、厚生年金保険、雇用保険、労働者災害補償保険など各種社会保険料の事業主負担で、その実施が法的に義務づけられている。本来、社会保障制度の領域に属するが、労務管理的機能をもつことから福利厚生として位置づけられている。一方後者は、企業が任意に実施する施策であり、その内容は多岐にわたり、日経連調査では次のように分類されている。

（1）住宅 ＝社宅などの給与住宅、持ち家援助、（2）医療・保健 ＝診療所などの医療施設、健康診断など保健衛生、（3）慶弔・共済・保険 ＝団体生命保険など、（4）生活援護 ＝食堂、売店、作業衣支給、通勤バス、保育所、育英資金、ホームヘルプ制度、（5）文化・体育・レクリエーション、（6）その他 ＝法定福利付加給付、財産形成など。

　その生成は明治期にさかのぼるが、第二次世界大戦前は低賃金、社会保障の未発達、労働組合の抑圧という条件のもとで、経営家族主義的理念や慈恵的・温情的色彩が強く、その内容も生産施設や労働条件と未分化であった。戦後は労働組合が法認され、福利厚生が団体交渉や労働協約の対象となることで慈恵的・温情的性格は薄まったが、従業員の企業帰属意識の醸成などの労務管理機能は本質的に変わっていない。内容面では、生活援護的なものを中心に再編成されたが、その後、費用の節減と実施効果の両面から合理化、施策の重点化が絶えず追求されている。

　　　　　最近の動向は、1980年代の「日本型福祉社会」論の提唱とともに、自助努力を基礎に、公的福祉、企業福祉、労働者自主福祉の三者の役割分担と統合が強調されているところに端的に現れている。さらに90年代以降、アメリカ流の「カフェテリア・プラン」が導入され始めている。この制度は、これまで画一的であった給付を、従業員各自がそれぞれに許容された範囲で自由に選択できるものにすることで、従業員の必要性にこたえようとするものである。しかし、その導入の背後には、法定福利費の高騰からくる人件費の増大回避や、個別交渉によって労働組合の団体交渉への影響力を弱めるといった目的もある。

　終身雇用や年功主義の見直しと能力主義・成果主義的な労務管理の主張のなかで福利厚生が大きな転換期にある現在、労働者の福祉増進には企業間格差をはじめとして多くの限界をもつ企業福祉ではなく、公的福祉や自主福祉の充実を再度検討すべきである。

新卒者の一括採用とOJT

　終身雇用と年功序列を支えるのが、新規学卒者の定期的な一括採用である。中途採用が多いと、従業員の能力と勤続年数との関係がばらばらになり、年功序列的な賃金支払いが困難になる。年功序列を可能にするためには、従業員のスタートラインをそろえる必要がある。

　採用された新規学卒者は、企業内部で教育され、人材として育成されていく。そ

の手法がOJT（On-the-Job Training）。
OJTとは、仕事の実践を通して必要な
能力を身につけさせていく方法であ
る。日本のように終身雇用が前提で
あれば、企業は時間と金をかけて人材
を育てることができる。

**稟議（ボトムアップ型の意思決定方
式）**

　稟議とは、最終的な意思決定に至る過程で、複数の管理者・担当者からの合意を
取りつけるための仕組みである。日本の管理組織における集団主義的意思決定方
式を支えている制度といえる。米国企業においては、その意思決定はトップダウン
型であるといわれるが、集団の合意形成を重視したこの稟議制度は、ボトムアップ
型の意思決定である。

豆知識

職場の人間関係

2009.7.17 付　読売新聞、日経新聞より

大学共同利用機関「統計数理研究所」全国調査「日本人の国民性」(2008 年10—11 月実施)より

人間関係について

「仕事以外でも上司との付き合いがあった方がいい」とする回答：

◆20 歳代 65％(98 調査での50％より増加)

◆30 歳代 63％(98 年調査での45％より増加)

◆「好きな上司」として、規則を曲げても無理な仕事をさせるが、仕事外でも面倒見の良い「人情課長」タイプと答えた人 81％(前回 2003 年調査 77％より増加)

〈アドバイス〉部下や後輩が嫌がっているのに無理にお酒や行事に誘うと、パワー・ハワスメントやセクシャル・ハワスメントにつながることもあるので、相手の気持ちを大切にしよう。

【本章の質問】

1. 日本的雇用の三種の神器は何ですか。

2. 終身雇用制度の長所と短所についてまとめてください。

3. 稟議制について説明してください。

第三章

日本企業

企業系列
<ruby>企業系列<rt>き ぎょう けい れつ</rt></ruby>

　企業間の生産、販売、技術などについての提携、協力の関係をいう。資本的結合や役員派遣などの人的結合関係を生ずる場合もある。欧米にも企業系列は存在するが、日本のものは企業間結合がとくに強力で外国製品を寄せ付けないので、「KEIR-ETSU」とよばれ、批判されている。

　第二次世界大戦後、連合国最高司令官総司令部（GHQ）による、戦後の対日占領政策として、軍国主義の経済的基盤とみられた財閥の解体、独占禁止法の制定施行（1947）によって、独占的結合、とくにトラスト的、コンツェルン的結合が解体、禁止された。このため、業務提携や技術提携などの企業結合を生じても、これを明らかにすることをはばかり、系列、または企業系列という新しいことばで表すようになった。したがって、企業系列ということばはきわめて多様に用いられ、その意味も不明確な場合が多い。しかし、このように多様で多少あいまいな用いられ方をしている企業系列なることばも、その態様からみると、縦と横の大きな二つの系列に分類できる。

　企業系列の第一形態である縦の系列は、より強大な企業が比較的中小の企業を支配する場合をいい、その典型的な例は下請系列である。下請系列とは、二次加工または部品生産の一部を特定の外部企業に恒常的に発注する場合である。下請系列と単なる下請との違いは、結合の強度の差である。単なる下請の場合は、発注する側の企業（以下、親企業という）と下請注文を受ける側の企業（以下、下請企業という）との関係は、発注する企業と受注する企業との取引関係にとどまり、それ以上の関係は生じない。むしろ取引関係にとどまることによって、単価の買いたたきなどの収奪的利用の余地が生ずる。しかし、下請系列の場合は、その下請企業が特定の親企業からの受注に生産能力の大部分を傾注し、経営上の決定的部分（少なくとも

その親企業からの受注を失えば経営が成り立たない程度）を依存しており、単なる下請取引関係以上の親密な結び付きをもっている。そして、このような生産、販売の決定的部分を特定の親企業に依存している場合には、融資、原材料の斡旋（あっせん）、技術指導などの援助を親企業から受ける場合が多くなり、ひいては親企業からの役員派遣や投資関係を生ずることになる。

　このような下請系列の結合は、第二次世界大戦後日本の産業構造が高度化し、造船、自動車、産業機械、電気機械などの重工業が発達することに伴って、従来下請に出していた二次加工や部品生産の部面においても技術的向上が期待されるようになり、単なる浮動的な下請では親企業の技術的要求が満たされなくなったことによる。ただし、そうはいっても、下請企業への発注は、親企業自体が自社の工場で内製する場合に比べて生産単価が安価になるから行うのであって、このような迂回生産のコスト上の有利さと、技術的要請とを二つにしながら満たすための日本的な生産関係である。

　縦の系列としてはこのほか、素材生産部門のメーカーが二次加工部門のメーカー
を支配下に置く生産系列、総合商社や百貨店、大手スーパーマーケットが傘下（さんか）にコ
ンビニエンス・ストアなど多様な販売網を配置する流通系列、都市大銀行が証券会
社、ノンバンクなどの金融会社を支配下におく金融系列などがある。また、都市銀
行がメインバンクとして融資企業を支配下におく場合を融資系列という。

　企業系列の第二形態である横の系列は、規模、資本力において同等の企業が資本
上、業務上の協力関係をもつ場合をいう。一定の生産技術を結合の契機とする提携
関係で、支配・従属の関係を伴わず、企業相互が業務上密接な関係に入るものであ
る。例としては、第二次世界大戦前のコンツェルンに匹敵する戦後的企業結合の一
種とみることができる企業集団（企業グループ）や、プロジェクト・チームをあげ
ることができる。

　企業集団とは、大企業が相互に資本的、人的関係を強め、社長会の開催、共同事業、
技術提携など、業務上の協調を進める多角的結合体をいう。この場合は、技術的提
携の場合も恒常的結合としての企業集団の場合も、特定の中心的企業や持株会社の
ような支配中枢が明確でなく、結合企業間の支配・被支配の関係も明らかではな
い。このような多様な企業系列なる結合がトラストやコンツェルン、財閥のような
独占的結合であるのか、あるいは将来そうなることが予想されるかどうかは、一概
には決められない。

六大企業集団の形成

　戦争に都合のよい環境をつくった
として財閥解体の対象になったり、独
占禁止法が実施されたりで、第二次世
界大戦前の財閥およびトラスト的結
合がいったんは解消された。しかし、
サンフランシスコ平和講和条約締結
後、大企業間の結合は独占禁止政策の
緩和とともに復活していった。それ
までアメリカは日本の民主化を進めていたが、1950年におきた朝鮮戦争以降、対ソ
政策として経済復興に力をいれるようになったからである。とくに、三井、三菱（み
つびし）、住友などの旧財閥系企業は、対日講和条約締結後、急速に復活再編を進

め、それぞれ旧財閥系銀行を中核とする融資系列グループとして結合していた。解体されていた三菱商事の復活は、その象徴的なできごとだったといえる。

　また、これに対抗して、富士銀行、三和銀行、第一勧業銀行などの都市大銀行も、融資系列企業を結集して、独自の企業集団を形成していった。第二次世界大戦後の産業高度化の波にのり、拡大発展していくためには、都市銀行も企業も相互に結合を強め、企業集団を形成することが必要とされた。ここでも融資系列が企業集団の形成に中心的な役割を果たした、銀行と企業の間に支配・被支配の関係がなく、対等的な立場にあるため、縦の系列のものとは異なっていた。

　こうして、旧財閥系の3グループと、これに対抗する芙蓉系(富士銀行系)、三和銀行系、第一勧業銀行系の新興の3グループをあわせた合計六つの企業グループが形成された。これを六大企業集団という。日本産業の発展とともに、これら都市銀行を中心とする企業集団は融資関係だけでなく株式の持ち合い(持株関係)や、情報交換、市場調査、共同事業なども行うようになった。また、三井系の二木会、三菱系の金曜会、住友系の白水会、三和系の三水会、芙蓉系の芙蓉会、一勧系の三金会のような社長会が定期的に開催された。こうして、銀行を核とした20社前後の大企業により、企業集団が結成されていった。

表　社長會の結成時期及び企業数　（平成5年3月末日現在）

企業集団名 項目	三井	三鞭	住友	鞭蓉	三和	第一勘銀
名称	二木会	三鞭金曜会	白水会	芙蓉会	三水会	三金会
結成時期	昭和 36年10月	昭和 30年頃	昭和 26~27年頃	昭和 41年1月	昭和 42年2月	昭和 53年1月
企業数	26社	29社	20社	29社	44社	48社

　このように、企業集団は都市銀行の系列融資を結合の紐帯として、しだいに株式の持ち合い、役員の相互派遣など、資本的・人的関係を強めていった。しかし、各企業集団を比べると結合の強弱、性格の差が生じている。概して、旧住友財閥系、旧三菱財閥系は結合力が強く、これに比べて旧三井財閥系は比較的弱かった。三井系企業の数が際だって多数であるわりには、中核になる三井銀行の融資力が弱かったことが影響したものとみられる。また、これに対し非財閥系の企業を結集して形成さ

れた芙蓉系、三和系、第一勧業系の3グループはいっそう結合力が弱く、企業集団といっても親睦グループが多少強化された程度のものとみられていた。

　なお、バブル経済崩壊後、不良債権の累積と金融自由化への対処に迫られた諸銀行には、相互の提携による自己変革の気運が生じた。1998年（平成10）金融持株会社の設立が解禁され、大手銀行が相次いで他行との業務提携、合併方針を発表した。2000年、第一勧業銀行、日本興業銀行、富士銀行の3行により共同持株会社みずほホールディングス（みずほフィナンシャルグループ）が設立された。3行は2002年、分割および合併により統合・再編され、みずほ銀行、みずほコーポレート銀行となった。2001年にはさくら銀行（1990年三井銀行が太陽神戸銀行と合併、1992年さくら銀行と改称）と住友銀行の旧財閥系の企業系列を超える合併がなされ、三井住友銀行が誕生した。いずれも、企業集団の中核をなす企業による動きで、みずほフィナンシャルグループの総資産は約164兆円、三井住友銀行は約100兆円と、世界有数のメガバンクが誕生した。このような動きは、ほかの系列企業集団にとっても、重複企業の整理統合など再編成の契機となった。なお、三菱銀行は1996年に東京銀行と合併し、東京三菱銀行に、三和銀行は2002年に東海銀行と合併しUFJ銀行に、さらに2006年には東京三菱銀行とUFJ銀行が合併し、三菱東京UFJ銀行と行名を変えていた。

産業系企業集団の形成

　さらに、歴史や方針の差から、これらの金融系企業集団からは独立している産業系企業集団の結合がある。日産自動車、本田技研工業などの自動車メーカー、パナ

ソニック、ソニーなどの電気機器メーカー、新日本製鉄のような鉄鋼一貫メーカーなどの巨大産業系企業は、それぞれ自社を中核として独自の関連企業系列、企業群を擁し、産業系企業集団を形成している。また、トヨタ自動車、東芝のようにオブザーバーとして参加したり、日立製作所のように複数の企業集団に属している企業もある。ことにバブル経済崩壊後は、都市銀行の力が弱まっていたのに対し、これら産業系企業集団はその総合力を発揮しつつある。とはいえ、産業系企業集団にとっても1990年代のバブル経済崩壊の与えた影響は大きかった。経済構造再編のなかで推し進められた規制緩和と産業広域化の波は、1999年（平成11）、富士重工業とゼネラル・モーターズ（GM）の提携、日産自動車とフランスのルノーの提携系列化、また、本田技研工業とGMのエンジン売買の契約など、企業結合の広域化、多国籍化の動きとなって現れた。

巨大プロジェクトを核とした系列

以上のような産業系企業集団とは別に、巨大プロジェクトに共同出資するプロジェクト・チームという横の企業系列もある。たとえば、ミサイル生産についての技術的協力関係であるミサイル・グループ、原子力産業技術についての原子力グループ、そのほか海洋開発グループ、超LSI技術開発グループなど、多岐にわたっている。とくに、バブル経済崩壊後、企業にとって合理化やリストラが急がれるようになると、たとえば化学工業におけるエチレン生産の共同化や、機械工業化における生産品種の企業別選別協定、販売市場の分割分担など多彩な企業間協調関係が結ばれるようになった。競争が激化する反面、無駄な競争を避けるために協調する側面が、企業間の横の系列関係を多彩に推し進める要因となっている。

中小企業

現在の日本では、とくに断らない限り、中小企業基本法（昭和38年法律154号）の定義に基づき、量的に、資本金3億円以下または従業員300人以下の法人企業ま

たは従業員300人以下の個人企業を中小企業としている。ただし、卸売業の場合には資本金1億円以下または従業員100人以下、サービス業の場合には資本金5000万円以下または従業員100人以下を、小売業では資本金5000万円以下または従業員50人以下を基準としている。

　また、中小企業のうち従業員20人以下の企業を、とくに「小規模企業」とよぶこともある。ただし、商業またはサービス業での「小規模企業」とは従業員5人以下を基準としている。一般に、4人以下の企業をとくに「零細企業・零細経営」とよぶこともある。ただ、量的基準のみで一律に区別すると、同じ従業員規模でも、たとえば化学工業のような装置産業では大企業に属するものもあるから、業種の性格により区別の基準が移動することもありうる。

2001年(平成13)の日本の非一次産業計(二次、三次産業の計)でみると、中小企業の事業所数は99.2％、うち76.6％を小規模企業が占めて圧倒的である。また、このうち製造業について従業員規模別にみると、1997年で、事業所数で99.0％、従業

員数で75.0％、出荷額で50.8％を中小企業が占めている。卸売業でも中小企業比率は1997年で商店数の99.2％、従業員数の83.6％、年間販売額の64.2％で、小売業でも同じく99.2％、83.7％、75.7％である。いずれにしても、数のうえでは中小企業が圧倒的に多い。しかし、1990年以降中小企業は製造業、卸小売業を中心に減少し続けており、とくに10人以下規模の小零細層での減少が著しくなっている。

　製造業のなかで中小企業がとくに高い地位を占めている分野を業種別にみると、第一に、食料品、繊維、衣服その他の繊維製品、木材・木製品、家具・装備品といった軽工業分野、第二に、加工組立て型業種の中間財生産分野で、ここでは中小企業は多くの場合、大企業の下請企業として部品提供を行っており、分業関係にある。このような業種分野の規模別特性は、日本のみの特性ではない。

　また、業種や商品により、技術水準、量産規模、資本装備率、需要の構造その他の特性により、中小企業の独自の分野がかなり存在する。

企業文化

　日本企業は「ソフトフェア」という建築であり、つまり、企業文化の建設を大切にする。例えば、企業全体従業員共通の価値観、企業への求心力、企業内の人間関係などである。それらは組織風土と総称される。組織風土とは、日本企業は長時間に渡って管理実践した産物であり、企業全体従業員の振る舞いによって自発的に示される企業文化であると思われる。

　日本では、企業文化の形は多様で、「社風」、「社训」、「組織風土」、「経営の原則」などがある。このような企業文化は企業内の全員の力を合わせ、共通の目標に入れる文化の観念、歴史の伝統、価値の基準、道徳の規範、生活の規準でもあり、従業員の結束を強化するイデオロギーでもある。和魂洋才、家族主義及び人を中心にするのは日本企業文化の主な特徴である。

　1．和魂洋才は日本企業文化の中核である。日本民族は自分で大和民族と名乗る。「和魂」とは日本の民族精神で、実際に中国文化を代表する儒教文化の産物で、「汉魂」の変種と東洋化のことである。中国儒教文化の本質である人倫文化や家族文化は、仁、義、礼、智、信、忠、孝、和と愛などの思想を唱え、要約と言えば、イデオロギーの支配と論理道徳を重視することである。

　「洋才」とは西洋の技術である。1886年明治維新、日本は資本主義の道を走り始めた。明治政府の強力な支持によって、西洋に先進技術や管理方法を学ぶのは日本

企業でブームになった。それで「和魂」と「洋才」を結びつけ始め、日本での近代企業家の経営活動の指導思想になっている。

　日本化した中国儒教文化を中心にする「和魂」と欧米の先進技術を内容とする「洋才」を取り合わせて、日本企業の管理文化の重要な基礎になってきている。

　2. 家族主義は日本企業文化の顕著な特徴

　昔、日本は農業を中心にしていた国なので、日本民族は際だった農耕民族の文化特徴を持っていた。まず、集団内での相互協力と表れた。農耕作業のことで、種まきから収穫まで、一人の力では到底できないので、必ず家族が助け合わなければならなかった。こうして日本人は連帯という良い習慣がついた。個人的な才能に比べて、日本人は協力や技術の働きのほうが重んじ、これが家族主義を通して現れた。このような家族主義観念は企業で一般的に「チームワーク」として示し、グループのために個人を犠牲する意識であった。日本で、グループとは意味の広い概念である。日本社会は集団的な会社であり、企業も集団として認められる。企業内部の事務室、班や組、事業部なども大きさの違う集団だと見られ、企業外で互いに密接につながる企業は結び付け集団になって、最終的に数多くの集団から日本民族という本集団を成り立った。

　家族主義というのは、家庭の倫理道徳を集団に移り、しかも、企業管理活動の目的と行為は集団の協調と集団の利益を保ち、集団の力を十分に発揮できるようにすることである。家族主義は和やかな人間関係を求め、だから和をもって尊きとするという思想は日本企業文化の中核になっている。

　3. 人間を中心にするという思想は日本企業文化の重要な内容

　終身雇用制、年功序列制、企業の労働組合にも関わらず、日本企業の経営パターンの三つの支えは人を中心に取り囲み、三つは互いに繋がったり、よく協力したり、異なった側面から企業の生産関係を調整したり、労資の対立を緩和したりする。だからこそ、日本は運命共同体の格局を形成し、労資の調和がとれ、企業経営管理の改善と向上を促進する。

　多くの人は日本文化を納得することができないからといって、われわれは彼らの優れた文化の要素を見つかり、その上、それらを習って参考すべきだと思う。いつも人の欠点を注意ばかりすれば、進歩することができないはずである。真の優秀である民族は他の各民族の優れた文化を吸収することができる。その点からみれば、

日本人ははるかに我々を超えたということを認めざるを得ないだろう。

意思決定のスピード

日本企業では、一般に役職(階級)を追って意思決定がなされていく。細部まで注意が払われる一方、多数のミーティングや書類準備に追われ、アメリカ企業に比べて決断が遅れる傾向にある。しかし一つ一つの決定はミスが少なく、品質や信頼性は保たれる。

企業文化の具体的な特徴

個人とグループ責任

日本企業でもグループに対する個人の貢献が求められる。一方で評価されるのはグループ単位での成果であることが多く、それにつながらなければ個人の貢献度は評価されない。

結果と過程の評価

日本企業においてもROIは評価されるが、結果だけでなく過程も重要視される。「プロセスを構築する」という過程にも時間や予算を割き、評価の対象となる。

リスク管理

100%近い可能性が無ければ「できる」とは言わない。より正確であることを重視するため、リスクに対しては慎重になることが多い。100%と言えばきっちり100%であることが求められ、誤差は悪とされる。

チーム構成とコミュニケーション

多くの場合、日本企業は日本人によって構成されている。単民族の特徴として、文化や価値観の共有が容易であることから「空気を読む」「あうんの呼吸」といった文化が存在する。一方でこれらは「なれ合い」や「保守」に結びつくことがあり、注意が必要である。

グループワーク

ミーティングは多くの企業で一般的に行われる。多くの時間・回数を重ねることでプロジェクトの過程を一つ一つ評価し、関わる人々の方向性を一致させる。日本語に根付く敬語の文化は人間関係の維持には有効であるが、会議の場では上下関係を鮮明に映し出し、活発に議論しにくい状況がある。

会議の形態

社内SNSやテレビ会議などが拡がってきてはいるものの、会議では「実際に会っ

て話をすること」が礼儀として重んじられている。

組織の体制

　多くの企業では定められた勤務時間に従って働き、在宅勤務システムが整えられている企業はまだ少ない。オフィスは学校の教室のように配置され、上司をトップとしてそこに属するグループメンバーの机が並べられている。グループとして機能するため、個人スペースをつくる壁や通路などは作られないことが多い。

転職/勤続と退職金制度

　日本の場合は、企業が個人の退職金を100％出資する。この退職金制度のために、個人が1つの会社に勤続することは、重要な経済的なメリットとなっている。「早期退職」等の議論の根本にはこのシステムがある。

　ライフワークバランス

　最近になりようやく「ライフワークバランス」といった言葉が拡がりつつある。しかし日本では伝統的に、仕事が生活の中心に据えられることが多い。花見や飲み会といったイベントが職場外でのコミュニケーションの場として重要視されている。

豆知識

　リストラについて

　リストラとは英語のリストラクチャリングの略で、言葉の本来の意味は、再構築(structuring)である。

　日本語の文脈の中で使われるカタカナ語としての「リストラ」は、企業の経営に関わる行動としての意味合いのみを持つのに対して、英語における用法にそのような限定は存在しておらず、たとえば「労働市場をリストラし、完全雇用を実現しよう」といった使われ方もされている。そもそもは事業規模や従業員数の増減を問わず、単に「組織再構築」が行われることに対して使われる言葉なのだが、実際「リストラ」は現状の事業規模や従業員数を維持、もしくは増強した上での組織再構築ではなく、組織再構築のために不採算事業や部署の縮小(ダウンサイジング)を行って、それに伴う従業員解雇が行われる事が多かったため、日本を含めた多くの国では、組織再構築の実施による不採算事業や部署の縮小に伴う「従業員削減」のみを意味すると言うように、本来の意味からかけ離れて、ただ単に解雇と解釈されるケースがほとんどである。

　　また、日本では、1990 年代初頭のバブル崩壊以降、デフレ経済の進行に伴ってリストラを行う事例が官民を問わず急速に増加したが、当初は意図的に日本語を英語で言い換えることで経営側の心理的後ろめたさを軽減することを目的にしていたと言われている。しかし現在ではこの様な解釈が一般的になったために、大手企業や外貨系企業を中心にあえてこの言葉の使用を避けるように、「組織（事業）再構築」や「組織の建て直し」など、改めて日本語で表現することも多くなっている。

【本章の質問】

1. 日本の企業文化の主な特徴についてまとめてみてください。
2. 日本における六大企業集団はそれぞれ何ですか。
3. 企業文化の具体的な特徴について簡単に述べなさい。

第四章

環境問題

　本章では、日本の環境問題の現状、環境問題を引き起こす原因、および国や組織が環境問題に対する措置について述べていく。

地球と日本環境の現状

　地球温暖化の状況

　地球の気候は、二酸化炭素等の温室効果ガスの濃度、大気中の微粒子や太陽放射等、様々な要因の影響を受けて変化する。また、エルニーニョのような自然の内部変動からも影響を受ける。

　これらの要因を考慮しながらも、気候変動に関する政府間パネル（IPCC）の第4次評価報告書は、「20世紀半ば以降に観測された世界平均気温の上昇のほとんどは、人為起源の温室効果ガス濃度の観測された増加によってもたらされた可能性が非常に高い」と述べている。

　温室効果ガスの大部分を占める二酸化炭素の大気中の濃度及びその人為的排出量は、増加傾向である。

　地球温暖化の状況は、世界の年平均地上気温の平年差から見られる。IPCC第4次評価報告書によれば、長期的には100年当たり0.74℃の割合で上昇している。近年特に高温となる年が多く、21世紀に入って以降の毎年の世界の年平均気温は、

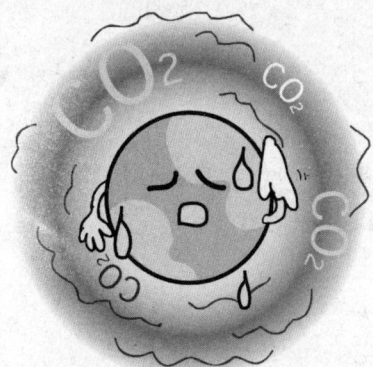

1891 年以降最も気温の高い年の10 位までに位置付けられる。なお、2008 年の年平均気温がここ数年に比べて低いのは、気象庁によれば、2007 年春から2008 年春に発生したラニーニャ現象が一要因として考えられる。

　世界各地で、ハリケーンやサイクロン、集中豪雨や干ばつ、熱波等の異常気象による災害が頻繁に発生しており、また、世界中の様々な地域で、気候の変動が原因とされる生態系の異変が報告されている。これらの現象のすべてについて地球温暖化の関与を断定することはできないが、地球温暖化が進行すれば、これらの悪影響がさらに強まることが、様々な研究によって指摘されている。

砂漠化していく大地

氷河は毎年物凄い速さで溶けている

大気環境及び水環境の状況

　大気汚染の状況については、1,561 局の一般環境大気測定局(以下「一般局」という。)及び445 局の自動車排出ガス測定局(以下「自排局」という)の全国 2,006 局において常時監視が行われている。

　2006 年度(平成 18 年度)の大気汚染状況は、二酸化窒素は、一般局では近年ほとんどすべての測定局で環境基準を達成しており、達成率は2005 年度(平成 17 年度)に続き100％となった。また、自排局では94.4％となっている。

　浮遊粒子状物質の環境基準達成率は、一般局で89.5％、自排局で88.6％となり、2006 年度(平成 18 年度)と比べやや低下した。

　水環境では、生活環境の保全に関する項目(生活環境項目)のうち、湖沼の化学的酸素要求量(COD)の環境基準達成率が50.3％となり、有機物が多すぎる状況にあるなど、依然として達成率が低い水域が存在する。

廃棄物の発生等に関する状況

　廃棄物の最終処分場の残余年数は、新規の処分場の確保が難しくなっていることに伴い、依然として厳しい状況が続いている。また、近年海岸は、プラスチック類や流木等による漂流・漂着ゴミが問題となっている。

参考データ：環境省「2002年度版 循環型社会白書」より作成

人口やエネルギー消費の増加などの地球環境全体への負荷

　世界では、人口、エネルギー使用及び農用地の増加や森林の減少等により、人間活動が地球環境に及ぼす負荷は確実に増大している。また、特に急激に人口が増加し、工業化が進展している東アジア等の地域では、資源の利用やエネルギー消費量も増大している。私たちの生存基盤が脅かされるような安全保障上の問題とならないように、地球環境の悪化を加速させるおそれのある地球温暖化を防止する対応を急がなくてはならない。

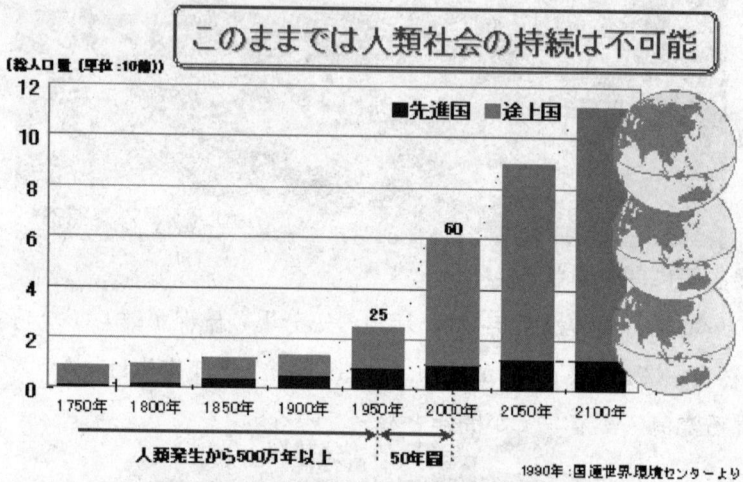

世界の水問題

　世界の水資源のうち、人間が容易に利用できる淡水の量について2008年の世界人口で考えた場合、約40L/人・日使えることになるが、一方2005年の日本人の生活用水使用量は307L/人・日であり、多くの水を使っている。また、日本は食料の多くを海外に頼っているが、海外では気候変動に伴い水不足になる地域、浸水地域が増加する地域がある。

電力に係る二酸化炭素排出原単位の悪化

　経済活動の基盤となる電力の電源構成の変化は、二酸化炭素の排出量に大きな影響を与える。2007年(平成19年)の日本の電力に係る二酸化炭素排出原単位(送電端)は、453g－CO_2/kWhであった。近年、排出原単位が悪化する傾向にある。

　2007年(平成19年)7月に発生した新潟県中越沖地震による原子力発電所の停

止により、同年以降の排出原単位は当面は、さらに悪化するものと考えられる。近年、火力発電、特に石炭火力発電の割合が高くなってきている。環境省の試算によれば、石炭火力発電所由来の二酸化炭素排出量が増加し、国内のエネルギー起源二酸化炭素排出量に占める割合もおよそ15年で約2.5倍になった。

ガソリン価格の高騰と自動車利用の関係

　2008年(平成20年)は、世界的にガソリン価格が高騰した。この時期の高速道路利用台数は、例年に比べ低く留まっていることが分かる。また、ガソリン販売量も同様の傾向にある。消費者は、ガソリン価格の高騰を受けて、自動車の利用を控えたり、使い方を工夫したりしたと考えられる。

市況の急激な変化による物質循環への影響

　2008年(平成20年)後半からの世界景気の減速を受け、需要の減退により多くの天然資源の価格が急落した。同様に、循環資源の価格にも影響が生じた。

　例えば、平成20年の夏以降、鉄スクラップの価格が急落した。また、ペットボトルの原料であるポリエチレンテレフタレート(PET)の価格についても、秋頃から急激かつ大幅な下落が見られるようになった。

　このため、使用済みペットボトルが輸出事業者・市町村において大量に停留することや、使用済みペットボトルから再商品化される国内のフレークなどの価格が大幅に低下することが懸念さ

れた。

　このように循環資源の価格は、市場で取引されるようになると、天然資源の価格
変動の影響を大きく受ける。したがって、安定した国内循環システムの体制整備に
おいては、国際市況といった経済要因の影響を理解し、これを考慮した仕組みを作
ることが重要である。

　　　　　　　　　　　　　　　　環境政策の検討には、エネルギー価格の
　　　　　　　　　　　　　　　　変動のような経済事情を織り込んでいくこ
　　　　　　　　　　　　　　　　とが重要である。低炭素社会づくり行動計
　　　　　　　　　　　　　　　　画では、あらゆる部門における二酸化炭素
　　　　　　　　　　　　　　　　の排出削減を進めるため、二酸化炭素に価
　　　　　　　　　　　　　　　　格を付け、市場メカニズムを活用するとと
　　　　　　　　　　　　　　　　もに、二酸化炭素排出に関する情報提供を
　　　　　　　　　　　　　　　　促進することとしている。また、環境基本
　　　　　　　　　　　　　　　　計画に基づき環境的側面、経済的側面、社会
的側面の統合的な向上を図っていくことが必要となっている。

環境負荷を低減する活動の動向

　次に、国、地方公共団体、企業やNPO、NGOなど、環境問題に取り組む主体の動向を
見る。

▶▶（1）国の取組み

　国は、様々な環境保全に係る施策に取り組んでい
る。環境省は、毎年度、環境保全に係る施策が政府全
体として効率的、効果的に展開されるよう、各府省の
予算のうち環境保全に関係する予算について環境保
全経費として取りまとめている。

▶▶（2）地方公共団体の取組み

　住民に身近な存在である地方公共団体が、環境対
策に果たす役割はますます大きくなっている。地方

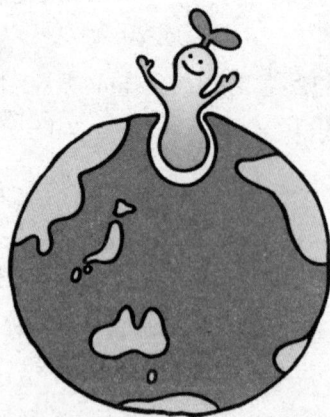

公共団体において環境行政に従事する職員数は、2008 年(平成 20 年)4 月 1 日現在、全団体で75,235 人、普通会計部門に従事する職員数(一般行政部門)の3.0％と減少傾向にあり、清掃部門で、ごみ・し尿などの収集・処理業務を民間業者などへ委託する取組みが進められていることが一因と考えられる。このように、清掃部門や公害部門の職員数は減少傾向であるが、環境保全部門の職員数については、近年やや増加している。

都道府県、市町村の環境行政に係る予算の推移及び普通会計予算に占める割合からは、地方公共団体における環境行政への位置づけは高まっているが、予算面では厳しい状況にあることが分かる。

▶▶(3) 学校における環境教育

環境教育の現状を把握する調査の結果によれば、環境教育を行うために今後設置したい施設については、太陽光、風力などの新エネルギー施設やセンサー等による自動消灯システムなどの省エネ機器に関心が集まっており、また、環境教育の推進のために、副読本や資料等の生徒用の教材の充実等が求められていた。

▶▶(4) 企業及びNPO、NGOなどの取組み

環境省の調査によれば、2007 年(平成 19 年度)に環境情報の開示を実施している企業数は、1,631となっており、情報開示の方法は、ホームページへの掲載や環境報告書の発行が多数を占めている。環境会計は、761 社において既に導入されているが、現在のところ導入は検討していないとする企業数も多い状況である。このほか、グリーン購入の推進等、企業の環境保全への取り組みが広がっている。

また、環境保全の取組みにおいて、NGOやNPO 等の非営利団体が果たす役割はと

ても大きく、2007 年（平成 19 年）には、環境 NGO 数が4,532、活動分野別（複数回答）にみると、全国で500を超える団体が活動しているのは、環境教育、自然保護、まちづくり、森林の保全・緑化、美化清掃、水・土壌の保全、リサイクル・廃棄物、地球温暖化防止などの分野となっている。

G8 北海道洞爺湖サミットに集う各国首脳（7 月 8 日、北海道洞爺湖）

▶▶（5）国際社会の取組みと日本の役割

G8 北海道洞爺湖サミット等の成果

2008 年（平成 20 年）5 月にG8の環境担当大臣等が神戸に集まり開かれたG8 環境大臣会合は、「気候変動」、「生物多様性」及び「3R」の3つの分野について、同年 7 月に開催された北海道洞爺湖サミットに向け、有益なインプットを与えるものとなった。

2008 年（平成 20 年）7 月に北海道洞爺湖で開催されたサミットでは、気候変動問題について、2050 年までに世界全体の温室効果ガス排出量を少なくとも半減させるという長期目標について、気候変動枠組み条約の全締約国と共有し採択を求めること等について合意がなされた。また、全ての先進国間で比較可能な努力を反映しつつ、排出量の絶対的な削減を達成するため、野心的な中期の国別総量目標を設定することを認識した。

2009 年（平成 21 年）4 月にイタリアのラクイラで開かれたG8 環境大臣会合では、「生物多様性に関するシラクサ宣言」が採択されたほか、現下の財政・経済危機と

いう文脈での低炭素技術の開発と活用、気候変動対策、生物多様性、そして日本が提案した子どもの健康と環境に関する議論が行われた。

京都議定書

地球温暖化防止のため、1997年（平成9）京都で開催された気候変動枠組み条約第3回締約国会議（COP3）において採択された議定書のことである。

本議定書の主要なポイントは、以下の4点にまとめられる。

（1）先進国は、全体として二酸化炭素等6種類の温室効果ガスの排出量を、1990年水準に比べて2008～2012年の間に5.2%削減するという法的拘束力をもつ目標を設定。

（2）おもな国別削減目標は、ヨーロッパ連合（BU）が8%、アメリカ7%、日本6%とする。

（3）先進国および市場経済移行国間の排出権取引や共同実施、および先進国と開発途上国が協力するクリーン開発メカニズム（CDM）など、市場メカニズムを活用した排出削減措置（柔軟性措置、京都メカニズムともよばれる）を規定。

（4）削減目標の達成には、前記の柔軟性措置を勘案したネット方式が採用される。

その後、最大の排出国であったアメリカが議定書から離脱するなどの問題が発生したが、日本は2002年6月に議定書を批准し、2004年11月にロシアが批准したことから発効要件が満たされ、2005年2月16日京都議定書は発効した。

しかし、地球温暖化防止のためには、本来、温暖化ガス排出抑制という重要課題について、世界全体で、長期的に取り組んでいく必要があるにもかかわらず、京都議定書では、（1）米国や中国、インド等の主要排出国が温暖化ガス排出抑制義務を負っていないため、世界全体としての取り組みになっていないこと、（2）排出抑制期間が2012年までという短期的な目標にとどまっていること、などの問題がある。そのため、2013年以降の世界全体での地球温暖化対策を進めるための国際的な枠組み（「ポスト京都議定書」問題）が、最重要課題として国際的な関心を集めている。

この問題は、2008 年の洞爺湖サミット、2009 年のラクイラ・サミット（イタリア）などG8サミットの場でも議論され、2009 年末のCOP15（デンマーク）での重要課題となっている。

京都議定書は、地球温暖化をふせぐための大事な取り決めだよ。

つまり、みんなで仲良く、協力し合って温暖化防止に取り組むという仕組みだよね。

京都議定書第一約束期間後の温室効果ガス削減枠組み

京都議定書では、温室効果ガス排出量を削減する国際的な取組みは、まず先進国から始めることとして、第一約束期間（2008 ~ 2012 年）中の温室効果ガス削減の枠組みを決めている。削減義務を負っている国のエネルギー起源二酸化炭素の総排出量は、2006 年時点で世界全体の約 30％しかない。このため、第一約束期間後の枠組みでは、「共通だが差異のある責任及び各国の能力の原則」という考えの下で、すべての国が参加することが強く望まれる。

2007 年（平成 19 年）12 月にインドネシアのバリ島で開催されたCOP13では、バリ行動計画が採択され、すべての締約国が参加して京都議定書第一約束期間後の2013年以降の温室効果ガス排出削減枠組みについて、2009 年のCOP15までに合意に至る

ことが決まった。

　気候変動枠組み条約の下に設置されている特別作業部会（条約 AWG）は、6 月にドイツのボンで会合を開き、12 月のCOP15での合意に向けて、議長が示す交渉文書に基づき議論を行う予定である。

COP15に向けた日本の国際交渉

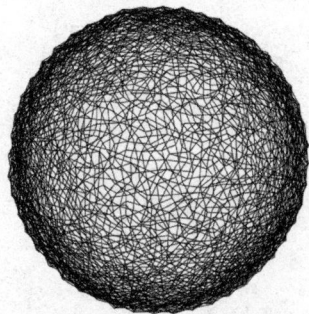

COP15
COPENHAGEN
UN CLIMATE CHANGE CONFERENCE 2009

　日本は、京都議定書第一約束期間後の温室効果ガス削減に係る国際枠組みについて、気候変動枠組み条約 COP15において合意することを目指し、以下の点を基本に国際交渉をリードする。京都議定書上で削減義務のある国だけでなく、共通だが差異のある責任及び各国の能力の原則の下、アメリカ・中国・インドを含む全ての主要経済国が参加する公平かつ実効的な枠組みとする。IPCCの科学的知見を参考にするとともに、2050 年までに世界全体の温室効果ガス排出量を少なくとも50％削減するという長期目標を気候変動枠組み条約の下で採択する。この実現に向け、今後 10～20 年後に世界全体での排出量をピークアウトさせることを目指し、低炭素社会の構築や革新的技術開発の推進を含む2050 年までの世界全体での排出量の削減のあり方を共有する。

豆知識

地球温暖化

　地球温暖化とは、地球表面の大気や海洋の平均温度が長期的に上昇し、温室効果ガスが原因で起こる現象である。単に「温暖化」とも言う。

　地球の歴史上、気候の温暖化や寒冷化は幾度も繰り返されてきたと考えられている。地球全体の気候が温暖になる自然現象を単に「温暖化」と呼ぶこともあるが、近年観測されており、将来的にも百年単位で続くと予想される「20 世紀後半からの温暖化」の意味で用いられることが多い。この記事では20 世紀

後半からの温暖化について説明する。大気や海洋の平均温度の上昇に加えて、生態系の変化や海水面上昇による海岸線の浸食といった、気温上昇に伴う二次的な諸問題を含めて「地球温暖化問題」と呼ばれる。温暖化が将来の人類や環境へ与える悪影響を考慮して対策を立て実行され始めている。一方で、対策のコストが非常に大きくなると見られており、その負担や政策的な優先度に関して国際的な議論が行われている。

【本章の質問】

1. 日本の環境問題について、何が挙げられますか。

2. 日本の大気環境及び水環境の状況はどうですか。

3. 環境問題を引き起こす要因について考えてください。

4. 環境負荷を低減するには、国、地方公共団体、企業など、どんな措置を取っていますか。